Manual del manipulador de alimentos

Blas Gómez

Con la colaboración de:

MARGE
BOOKS

Índice

1 La salud es responsabilidad de todos

La actividad del manipulador de alimentos se caracteriza por estar en contacto directo y continuo con productos alimentarios. Estos productos pueden hallarse en estado crudo, semielaborado o elaborado y el manipulador interactúa con ellos a lo largo de todo un proceso que puede ir desde la recepción de los mismos hasta su presentación para el consumo.

Toda manipulación de materiales entraña unos riesgos. Los más habituales para el manipulador de alimentos se derivan de la utilización de los utensilios que emplea:

- Riesgo de heridas, cortes y golpes, ya que suele utilizar instrumentos cortantes o contundentes, como cuchillos o mazas.
- Lesiones por manipulación de cargas pesadas, movimiento repetitivo de los productos envasados, despiece de animales, etc.
- También pueden producirse algunas infecciones derivadas del contacto con alimentos.

Dado que los alimentos contienen agentes biológicos patógenos, también existe un cierto riesgo de contaminación por:

- La propia manipulación del trabajador.
- Los productos empleados en su elaboración, producción o transporte.
- El uso de conservantes o de colorantes para asegurar las condiciones de higiene.
- La contaminación natural del alimento en función de la época del año.

Los efectos de una mala práctica de esta actividad laboral incluyen consecuencias en la salud del manipulador y sobre la de otros, principalmente los consumidores, por intoxicación o infección.

Figura 1. El manipulador de alimentos debe ir vestido con ropa adecuada e higienizada, así como llevar gorro y guantes para evitar contaminaciones.

Para poder realizar su actividad y evitar las situaciones que conlleven riesgos, el manipulador debe seguir unas normas higiénicas y satisfacer una serie de requisitos de salubridad, para así proteger su salud y la de los demás.

La actividad de manipulador de alimentos está regulada mediante el Reglamento (CE) n. 852/2004 que se refiere a la higiene de los productos alimentarios, por el que se establece la obligatoriedad de la formación en materia de higiene alimentaria para los manipuladores de toda empresa del sector alimentario, y el Real Decreto 109/2010 de 5 de febrero, que trata de asegurar un entorno seguro y la prevención de toxiinfecciones alimentarias en aquellas personas que trabajan en contacto directo con la elaboración de comidas preparadas.

El propósito de estas normas es proporcionar una información clara y de fácil compresión sobre los posibles peligros que se asocian a la manipulación de alimentos y la forma de evitarlos. Además, tratan de conseguir que todas las personas implicadas en el proceso de preparación y consumo de los alimentos contribuyan a prevenir los riesgos de las **toxiinfecciones alimentarias (TIA).**

Se define como TIA a cualquier enfermedad producida por la ingestión de alimentos y causada por sustancias orgánicas o inorgánicas perjudiciales para el organismo del consumidor, como bacterias, virus, priones o parásitos, así como los productos metabólicos. Las enfermedades que se manifiestan con mayor frecuencia son las provocadas por bacterias patógenas, debido a que encuentran en los alimentos las sustancias nutritivas necesarias para vivir y multiplicarse, especialmente en condiciones favorables de temperatura.

Las TIA normalmente no son el resultado del azar ni la concurrencia de factores imprevisibles. Está establecida la relación causa-efecto entre determinadas prácticas incorrectas y las TIA. Si se evitan las prácticas inadecuadas no se producirán toxiinfecciones alimentarias.

El conocimiento de los principios básicos de la inocuidad de los alimentos y la importancia de efectuar correctamente ciertas prácticas de preparación y manipulación, son los elementos que garantizan la mayor seguridad de los mismos.

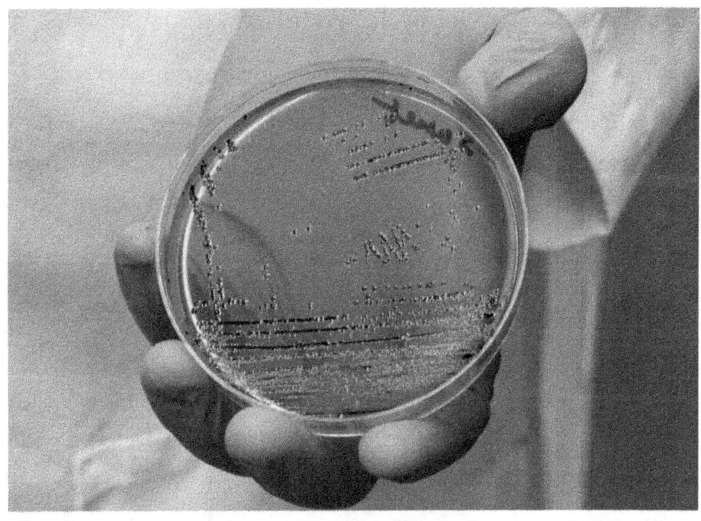

Figura 2. Las bacterias de la Salmonella *de la fotografía en una placa de Petri, una de las principales causas de agentes contaminantes de productos alimentarios.*

Es obligatorio que cualquier persona que por su actividad laboral esté en contacto con los productos alimentarios (por ejemplo, manipulación, reposición o recepción de alimentos), disponga del certificado de manipulador de alimentos, donde constarán las pruebas médicas y exploraciones efectuadas, así como el resultado de estas, entre otros datos. Para la obtención de este certificado, todo manipulador debe recibir formación acerca de los riesgos y las responsabilidades que conlleva este puesto de trabajo y debe cumplimentar un cuestionario sobre las materias relacionadas con la higiene en la manipulación de alimentos.

Existe una relación directa entre una inadecuada manipulación de los alimentos y la manifestación de enfermedades transmitidas a través de estos. Las medidas más eficaces en la prevención de estas enfermedades son las higiénicas, ya que en la mayoría de los casos es el manipulador el que interviene como vehículo de transmisión.

El profesional del sector de la alimentación, en cualquiera de sus modalidades, tiene ante sí la responsabilidad de respetar y proteger la salud de los consumidores por medio de una manipulación cuidadosa. Para intentar conseguir este objetivo el manipulador debe:

- Adquirir conocimientos en la materia objeto de su trabajo: el manejo de los alimentos.
- Desarrollar actitudes de conducta personal que beneficien su función: la higiene personal y la organización del trabajo.

- Incrementar el sentido de la responsabilidad hacia los demás por la trascendencia del servicio que presta.

De esta manera se conseguirá mejorar la calidad del servicio, colaborando en la protección de la salud de los consumidores.

Cuando se trabaja manipulando productos frescos se debe poner un cuidado especial, ya que un adecuado manejo, conservación y almacenamiento de los alimentos previene accidentes y enfermedades, tanto para los propios trabajadores como para las personas que vayan a consumirlos.

Cuestionario 1

1 Los riesgos más habituales para manipulación de alimentos derivados de la utilización de utensilios son:

   a) Heridas, cortes y golpes.
   b) Despiece de animales.
   c) Las dos anteriores son correctas.

2 ¿Qué acciones debe llevar a cabo para respetar y proteger la salud de los consumidores?

   a) Desarrollar actitudes de conducta personal (higiene y organización de trabajo).
   b) Adquirir conocimientos en materia de relaciones interprofesionales.
   c) No ser transparente con el cliente en lo que ha responsabilidad se refiere.

2 La contaminación microbiana de los alimentos

Es necesario diferenciar entre los diversos microorganismos que pueden encontrarse en los alimentos, ya que algunos son beneficiosos para el ser humano. Los microorganismos útiles son los que están presentes en el proceso de elaboración de ciertos alimentos y bebidas (por ejemplo, el queso, el yogur, la cerveza o el vino), los que se utilizan en la fabricación de medicinas (como la penicilina) y aquellos que ayudan a digerir los alimentos en el intestino.

Los microorganismos potencialmente dañinos o de alteración no suelen provocar enfermedades a las personas, pero pueden hacer que los alimentos huelan y sepan mal y tengan un aspecto desagradable.

En cambio, los microorganismos peligrosos causan enfermedades a las personas y pueden incluso causar la muerte. A estos microorganismos se les denomina patógenos.

Los microorganismos patógenos pueden producir alteraciones y enfermedades. Cuando las condiciones higiénicas del lugar o establecimiento donde se manipulan y producen alimentos no se mantienen o preservan de manera adecuada, es muy posible que esos organismos contaminen los alimentos, con el consiguiente peligro para la salud de los clientes o consumidores, así como para el mismo manipulador. Por este motivo, es necesario prevenir la producción de enfermedades alimentarias de origen bacteriano mediante buenas prácticas higiénicas.

1 Origen de la contaminación de los alimentos

Los microorganismos contaminantes se encuentran, principalmente, en el ser humano, en los animales y en el medio ambiente.

Las bacterias necesitan unas condiciones determinadas para alimentarse y vivir. Se reproducen en condiciones de humedad, en una temperatura cálida y con un alto contenido de

Figura 3. Test en un laboratorio para encontrar sustancias tóxicas en diferentes productos alimentarios.

proteínas. Hay que destacar que la mayoría de las bacterias patógenas crecen en alimentos con un pH neutro o alcalino. Cuando el alimento tiene un pH 7 o mayor es muy susceptible a la contaminación bacteriana.

Algunos de los alimentos preferidos por las bacterias son la leche y sus derivados, los huevos, las carnes, los mariscos o los vegetales cocinados. Se les denomina alimentos potencialmente peligrosos por su capacidad para el rápido crecimiento bacteriano, razón por la que se han de tomar las precauciones necesarias durante su manipulación.

Ciertas sustancias químicas pueden ser mortales tanto para la vida humana como para los microorganismos. La Administración pública tiene la responsabilidad de prevenir y limitar los efectos perjudiciales de productos químicos empleados en la eliminación de las bacterias patógenas. Se pueden diferenciar las sustancias químicas según sus características y los efectos que pueden provocar en las personas: toxicidad, intoxicación o envenenamiento, y sabor y aroma.

2 Características de las bacterias

Las bacterias son microorganismos procariotas, de forma variable. Muchas son inofensivas e incluso beneficiosas para el ser humano, pero hay algunas que pueden resultar perjudiciales para la salud, las llamadas bacterias patógenas. Algunas de las características de las bacterias son las siguientes:

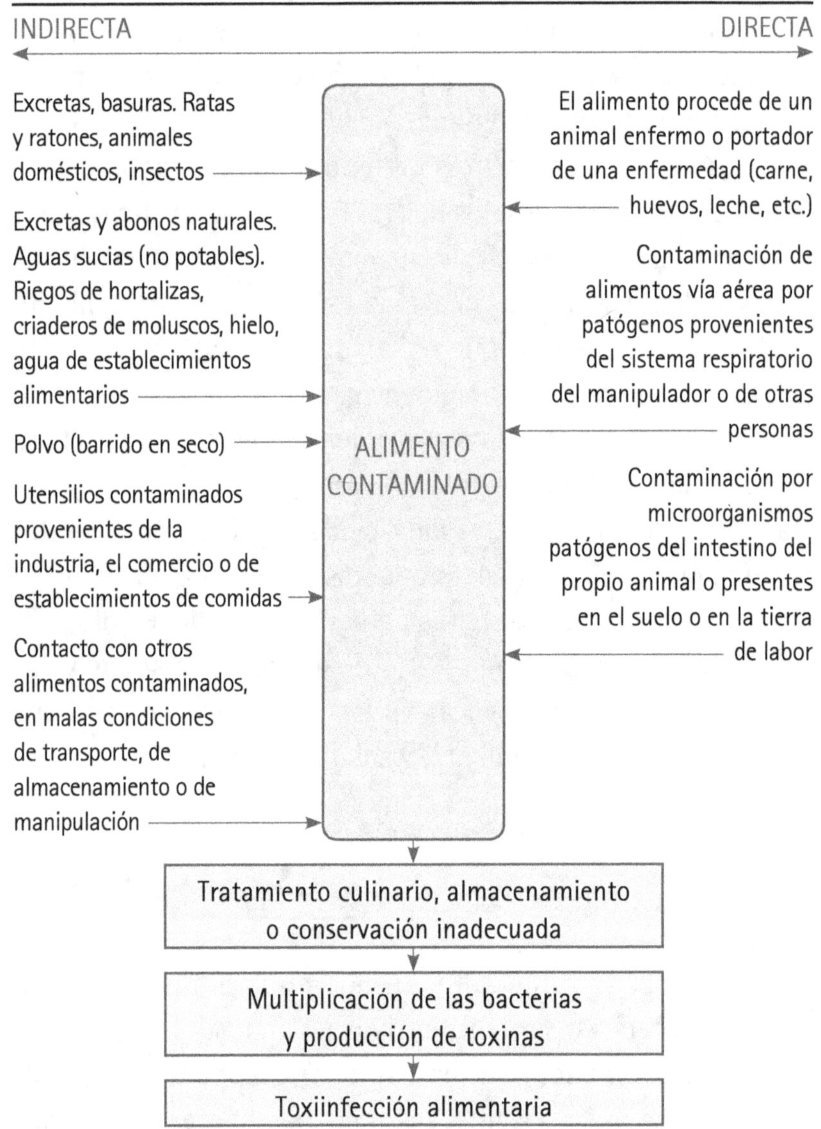

Gráfico 1. Proceso de contaminación de los alimentos y origen de la contaminación.

- **Tamaño**

  Las bacterias varían en sus dimensiones y apariencia, y no pueden observarse a simple vista. Han de ser observadas mediante un microscopio dado que sus dimensiones van desde 0,5 a 5 micras de longitud.

- **Reproducción**

  Se reproducen por división celular. La velocidad de esa división varía según las diferentes especies. En condiciones favorables, se pueden dividir cada 20 minutos aproximadamente.

- **Desplazamientos**

  Muchas bacterias permanecen inmóviles y no tienen medios propios que les permitan trasladarse de un lugar a otro. Requieren de algún ser vivo o medio para ser transportadas aunque existen algunas que pueden hacerlo mediante flagelos u otros sistemas de desplazamiento, por ejemplo, mediante deslizamiento o contracciones.

  Las bacterias patógenas suelen viajar a través de los productos contaminados, las manos, los insectos, los roedores, la tierra, el polvo, la suciedad, etc. De ahí la necesidad de higiene y métodos adecuados para manejar utensilios y alimentos, además de otras acciones necesarias como, por ejemplo, salvaguardar las reservas de agua, eliminar los residuos, combatir insectos y roedores, etc.

Las manos son uno de los medios más habituales por los que se desplazan los microorganismos de un lugar a otro.

Existen otros agentes patógenos capaces de producir algún tipo de enfermedad o daño en otros seres vivos y que las personas que manipulan alimentos y las que los consumen deben conocer:

- **Virus**

  Son agentes causantes de enfermedades, de un tamaño cinco veces menor que una bacteria, aproximadamente. Pueden ser transportados por los alimentos pero no pueden multiplicarse en ellos, ya que solo se reproducen en células vivas. La varicela, el sarampión, las paperas, la

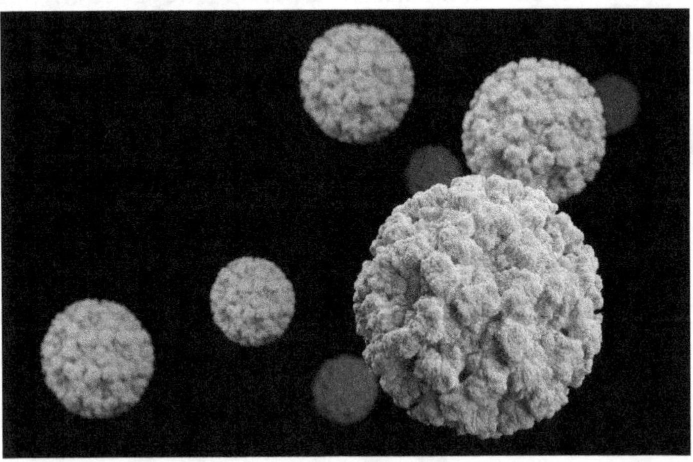

Figura 4. El norovirus es causante de la enfermedad de origen viral transmitida por alimentos más común, causante de la gastroenteritis, una afección médica caracterizada por diarrea, vómitos y dolor abdominal.

poliomielitis y muchas otras enfermedades son causadas por diversos tipos de virus.

- **Mohos u hongos**

  Se componen de muchas células y pueden ser diminutos y pasar desapercibidos o, agrupados, pueden llegar a cubrir toda una pared. Crecen mejor en lugares oscuros y húmedos cuyas temperaturas les son favorables. Se caracterizan por formar un material lanoso o filiforme de diferentes colores sobre los alimentos y pueden ser destruidos cuando alcanzan temperaturas elevadas, como por ejemplo, cuando se hierven.

  Algunos tipos de mohos constituyen un riesgo, ya que pueden causar reacciones alérgicas o problemas respiratorios y generar toxinas en los alimentos. Hay mohos

Figura 5. Hongo que se ha reproducido en una fruta y que es visible a simple vista.

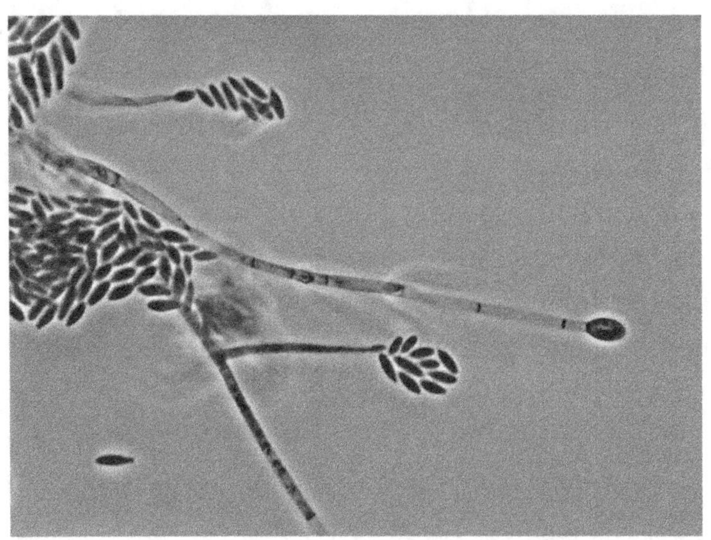

Figura 6. Fotomicrografía que revela los conidios y conidioforos del hongo Fusarium verticillioides. *Los conidioforos son una estructura microscópica especializada en la producción asexual de miles de esporas, los conidios.*

que provocan aflatoxinas en algunos alimentos, como los frutos secos, suelen sobrevivir en condiciones de almacenamiento y se manifiestan causando enfermedades hepáticas. Sin embargo, otros se pueden consumir y se utilizan en algunos procesos de producción, como ocurre en el caso de los quesos. También son valiosos en la fabricación de algunos medicamentos, como la penicilina.

Algunos mohos que se pueden encontrar en alimentos son *Aspergillus, Fusarium, Penicillium* o *Rhizopus.*

Hay hongos que producen micotoxinas, sustancias con capacidad para provocar enfermedades. Cuando los hongos afectan a un alimento, las toxinas pueden extenderse en él en condiciones de humedad y temperatura que les sean favorables.

Hay que proteger los alimentos y utensilios de los mohos, así como llevar a cabo una apropiada limpieza de los trapos de cocina y estropajos para evitar la propagación de las esporas de los hongos. Cuando se forma un moho en un alimento, lo más aconsejable es desecharlo, ya que además también pueden haberse formado bacterias en su interior.

- **Levaduras**

Este es el nombre genérico dado a un grupo de hongos unicelulares. Se duplica cada 90 minutos en condicio-

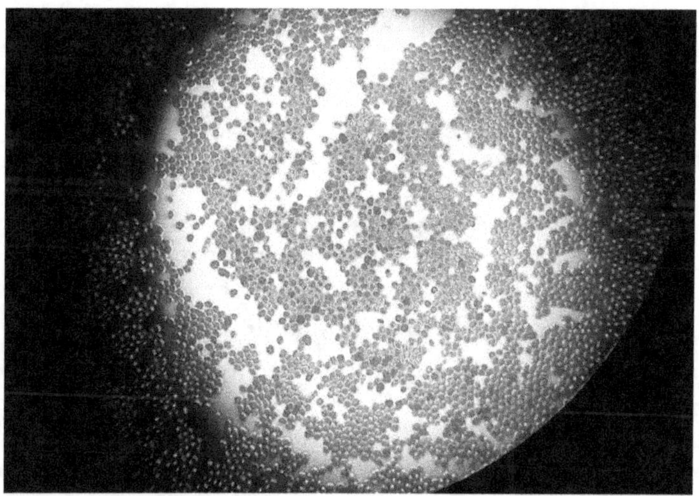

Figura 7. Células Saccharomyces cerevisiae *tintades de azul de metileno. Las células de la levadura tienen una forma ovalada.*

nes nutritivas favorables. La aplicación más común es la fermentación de alimentos, principalmente azúcares e hidratos de carbono. Las levaduras hacen que aumente el volumen de la mezcla utilizada, como ocurre con las utilizadas en la panificación.

4 Sustancias químicas

Algunas sustancias químicas pueden ser perjudiciales para el ser humano y el medioambiente y causar intoxicaciones. Algunas de estas sustancias son:

- Toxinas naturales.
- Metales y los contaminantes ambientales.
- Sustancias utilizadas para tratar animales.
- Plaguicidas utilizados de forma inadecuada.
- Productos de limpieza.
- Aditivos alimentarios utilizados de forma inadecuada.

El riesgo que presentan algunas de estas sustancias, que con frecuencia están presentes en la superficie de los alimentos, se puede reducir con una higiene adecuada, por ejemplo, lavando y pelando el producto. Una conservación adecuada puede evitar o reducir la formación de algunas toxinas naturales.

Las enfermedades transmitidas por la ingestión de alimentos contaminados se manifiestan con frecuencia de manera repentina y pueden ser intoxicaciones o infecciones alimentarias.

- **Intoxicación alimentaria**

  Es una enfermedad causada por la ingestión de alimentos que contienen alguna sustancia venenosa. Esta puede ser un veneno producido por ciertas clases de bacterias, un tóxico químico o una sustancia perjudicial presente en los alimentos por razones naturales o físicas (toxinas). La enfermedad puede tardar desde 12 horas a varias semanas en manifestarse.

  Los síntomas principales son náuseas intensas, cólicos, vómitos, diarreas, postración y urticaria.

- **Infección alimentaria**

  Es una enfermedad causada por la ingestión de bebidas o alimentos contaminados por ciertos organismos, como las bacterias o los virus, que provocan enfermedades. Suele manifestarse poco después de haber ingerido el alimento portador del patógeno.

  Los síntomas más usuales son náuseas, vómitos, fiebre, diarreas o dolor abdominal, entre otros.

La intensidad con la que se pueden presentar los síntomas y la gravedad de los mismos dependen principalmente de:

- El tipo y la cantidad de agentes patógenos causantes de la enfermedad.
- La susceptibilidad de la persona, especialmente cuando se trata de niños, ancianos o enfermos.
- El medio de ingesta.

1 Puede ser un origen directo de la contaminación de alimentos:

a) Los utensilios contaminados en los establecimientos de comidas.

b) Los alimentos procedentes de animales enfermos o portadores de patógenos (carne, huevos, leche, etc.).

c) El contacto con otros alimentos contaminados.

2 Otros agentes que pueden afectar a los alimentos y a la manipulación de los mismos son:

a) Virus y levaduras.

b) Virus, insecticidas y levaduras.

c) Virus, levaduras y hongos.

3 La intensidad con la que se pueden presentar los síntomas de la infección alimentaria depende de:

a) El tipo y cantidad de bacterias causantes de la enfermedad.

b) La susceptibilidad de la persona, particularmente cuando se trata niños, ancianos o enfermos.

c) Las dos anteriores son correctas.

3 Prácticas higiénicas para la manipulación de los alimentos

Comprenden aquellas normas mediante las cuales se evita la contaminación de los alimentos, para que no afecte a la salud de las personas. Son normas que se deben aplicar en la producción, el transporte y el almacenamiento de las materias primas y de los productos terminados, así como durante la distribución comercial y el consumo.

La higiene es necesaria para que los alimentos conserven sus características nutritivas y sean inocuos, seguros y salubres.

Toda acción de quienes manipulan o trabajan con alimentos puede influir en la salud de muchas personas. Por consiguiente, es imprescindible aplicar medidas sanitarias en cada paso de sus operaciones:

- En la elección del lugar donde se compran los alimentos.
- En la recepción en las instalaciones de la empresa compradora.
- En el almacenamiento adecuado.
- Durante la preparación de los alimentos.
- En la distribución y entrega a quienes vayan a consumirlos.

La persona que manipula los alimentos es uno de los agentes que puede favorecer la contaminación de los mismos al llevar a cabo algunas prácticas incorrectas, como pueden ser:

- Lavar inadecuadamente las verduras y las hortalizas. Todas sus partes se deben separar y frotar hasta que no quede ninguna sustancia o agente nocivo.
- Manipular alimentos cuando se es portador de infecciones o enfermedades.
- Contaminar los alimentos por no usar los utensilios adecuados, como por ejemplo pinzas.

Figura 8. Hay que prestar especial atención a la manipulación directa con las manos en productos alimentarios como las masas.

- Colocar platos u otros utensilios sucios sobre la mesa en la que se estén preparando alimentos.
- Utilizar trapos de limpiar mostradores y otras partes de la zona de cocina para limpiar la mesa o el lugar de trabajo.
- No remover o amasar bien las masas y mezclas alimenticias, como las de pastas, por ejemplo, para que la cocción sea completa en el centro de la masa.
- Manipular el hielo para las bebidas sin pinzas.
- Toser o estornudar sobre los alimentos.
- Llevar el cabello suelto expuesto a contaminar los alimentos.
- Tener las uñas pintadas o sucias durante la preparación y manipulación de alimentos.
- Emplear utensilios sucios o mal lavados.

2 ¿Cómo puede el manipulador evitar la contaminación de los alimentos?

2.1 La higiene personal

La falta de higiene personal puede ser una de las causas de contaminación, para evitarlo, el manipulador de alimentos debe:

- Antes de salir de casa:
  - Ducharse diariamente.
  - Lavarse los dientes.
  - Utilizar ropa limpia.

- Antes de ponerse a trabajar:
  - Vestirse con el uniforme de trabajo.
  - Ponerse el calzado que dicte la normativa laboral.
  - Quitarse todas las joyas y complementos personales.
  - Recogerse el cabello con una cofia o gorra.
  - Lavarse las manos.

- Durante la manipulación:

  Mantener una escrupulosa higiene personal. Las manos deben estar perfectamente limpias, especialmente con las uñas limpias y cortas. Esta es una de las medidas higiénicas más importante para prevenir posibles contaminaciones de los alimentos.

  Hay que lavarse las manos correctamente con agua y jabón abundante, utilizando siempre un cepillo de uñas y secarse con papel de un solo uso.

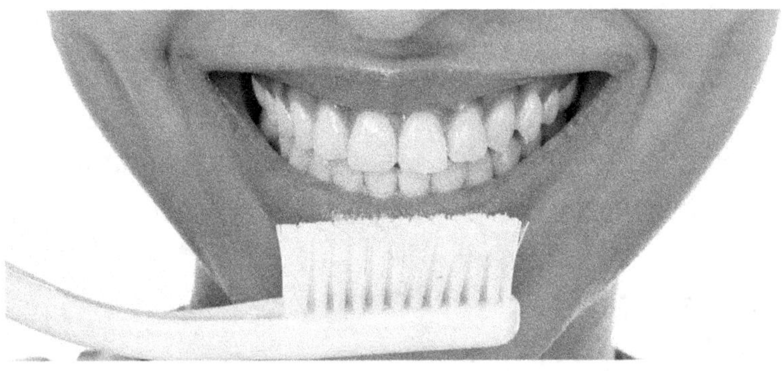

Figura 9. Mantener una higiene bucal correcta puede evitar la contaminación de los productos alimentarios.

Figura 10. Utilizar una vestimenta adecuada es imprescindible para una apropiada manipulación de los alimentos. En la imagen, el manipulador lleva el cabello recogido, uniforme y guantes.

Como norma general, se deben lavar las manos siempre que se abandone y se retorne al puesto de trabajo, por ejemplo:

- Después de ir al servicio.
- Después de sonarse, toser o estornudar.
- Después de manejar dinero.
- Después de manipular la basura.

2.2 Otras normas higiénicas

Adicionalmente a las normas de higiene personal mencionadas, el manipulador de alimentos debe seguir de manera estricta las indicaciones que se exponen a continuación:

- Hay que usar ropa siempre perfectamente limpia y un gorro que mantenga el cabello recogido.
- No se debe alisar o peinar el cabello mientras se manipulan los alimentos.
- No hay que manipular alimentos si se padece algún trastorno respiratorio, digestivo o de la piel.
- Para lavarse las manos se debe usar el lavamanos, no el fregadero.
- No hay que rascarse la cabeza, la nariz u otra parte del cuerpo mientras se manipulan alimentos.
- No hay que colocarse el lápiz en el cabello o detrás de la oreja.

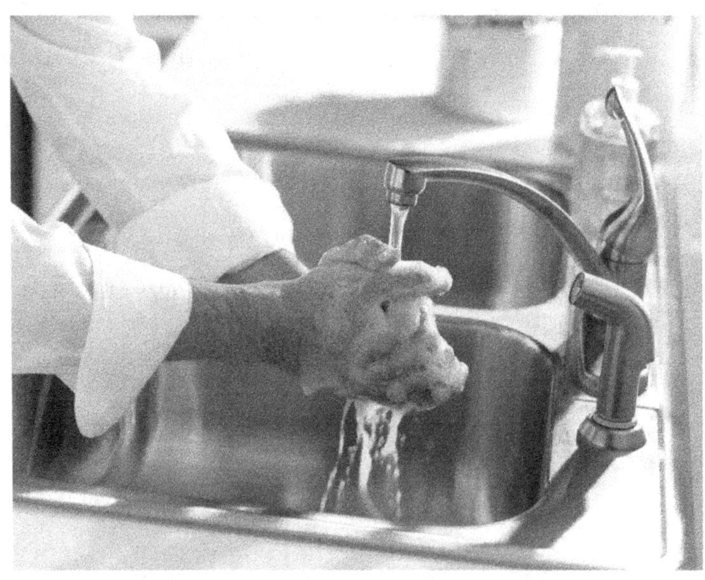

Figura 11. Una perfecta higiene de la manos puede prevenir la contaminación a la hora de manipular alimentos.

- No se debe usar la toalla, los paños de servir o los de cocina para secarse las manos.
- Al toser o estornudar hay que cubrirse la boca con un pañuelo y nunca hacerlo sobre los alimentos.
- No se puede escupir mientras se manipulan los alimentos.
- En caso de que se produzca una herida en las manos, se debe proteger con una cubierta impermeable para evitar el contacto con los alimentos.
- No se puede comer, fumar o mascar chicle en los locales donde se manipulan alimentos.
- Hay que mantener un óptimo estado de limpieza de las instalaciones y de los utensilios.

Figura 12. Higienizar el lugar de trabajo es imprescindible.

- La preparación de los alimentos debe hacerse con la menor antelación posible a su consumo, disminuyendo así el tiempo de exposición a posibles contaminaciones.
- No se deben usar joyas u otros complementos personales mientras se manipulan alimentos.

2.3 Después de la manipulación

Después de manipular los alimentos se deben seguir igualmente unos procedimientos adecuados para evitar posibles contaminaciones:

- Hay que evitar tocar los alimentos preparados directamente con las manos. Para ello, se deben utilizar utensilios adecuados, como pinzas, tenacillas, cucharas, tenedores, guantes desechables, etc.
- Es importante presentar en vitrinas los productos que estén expuestos a posibles contaminaciones por agentes patógenos procedentes de la respiración de los consumidores y del propio manipulador.
- Los alimentos congelados que vayan a utilizarse deben descongelarse en frigorífico o en el horno microondas, nunca a temperatura ambiente.
- No se pueden volver a congelar los alimentos ya descongelados.
- Los alimentos cocinados para el uso inmediato se han de mantener hasta el momento de servirlos sometidos

a la acción del calor (ya sea en el horno, en el fuego u otros medios de cocción) que asegure una temperatura constante y no inferior a 70 °C en el centro de su masa. Nunca se deben dejar los alimentos a temperatura ambiente mientras se espera para servirlos.

- No hay que recalentar los alimentos en más de una ocasión ni almacenarlos (incluso en frigoríficos).

3 Hábitos higiénicos: limpieza y desinfección

La limpieza, la desinfección y la higienización de los equipos, de los utensilios y de las superficies disminuyen en gran parte la contaminación de los alimentos y la transmisión de agentes patógenos. Hay que diferenciar estos tres conceptos y aplicarlos meticulosamente para poder llevar a cabo una higiene correcta:

- **Limpieza**
  Es la acción de eliminar o disminuir toda clase de suciedad o residuos de cualquier naturaleza que pueden contaminar o alterar el alimento de las distintas superficies (paredes, suelos, techos, equipos y utensilios) o del propio alimento.

- **Desinfección**
  Es la aplicación de procesos químicos o físicos higiénicamente adecuados con la finalidad de eliminar o inactivar

los agentes patógenos que puedan estar presentes después del procedimiento de limpieza.

- **Higienización**
  Significa reducir el número de patógenos hasta niveles aceptables para la salud de las personas. Se trata de eliminar los agentes patógenos del equipo y de los utensilios utilizados en la preparación y en el servicio de los alimentos.

Las personas que manipulan alimentos deben conocer las diez principales reglas de higienización en los servicios de alimentación:

- La vajilla y la cubertería se han de lavar después de cada uso.
- Los utensilios de cocina y las superficies que entran en contacto con los alimentos, tienen que ser higienizadas después de cada uso e inmediatamente después de haber terminado el trabajo diario.
- Las parrillas, las planchas, los aparatos de cocina y los hornos se tienen que limpiar una vez al día como mínimo.
- Los paños, las toallas y las esponjas utilizadas para la limpieza se deben lavar y enjuagar después de cada uso y almacenarlas en una solución higienizante entre cada uso.
- Hay que limpiar y desinfectar los suelos diariamente.

- Los techos y las paredes se tienen que limpiar, como mínimo, trimestralmente, incluso más a menudo si es necesario.

- Las cavas, los refrigeradores, las vitrinas, las cocinas, las campanas, los ventiladores y otros equipos se tienen que limpiar semanalmente.

- Se ha de impedir que los productos alimentarios entren en contacto con productos y sustancias químicas, como productos de limpieza, abonos, insecticidas, fertilizantes, etc.

- Se debe controlar la fecha de caducidad de los productos y desechar los caducados.

- Es imprescindible ser estrictos con la higiene y la limpieza escrupulosa de los lugares donde se almacenan los alimentos y de los puestos donde se expenden para su consumo.

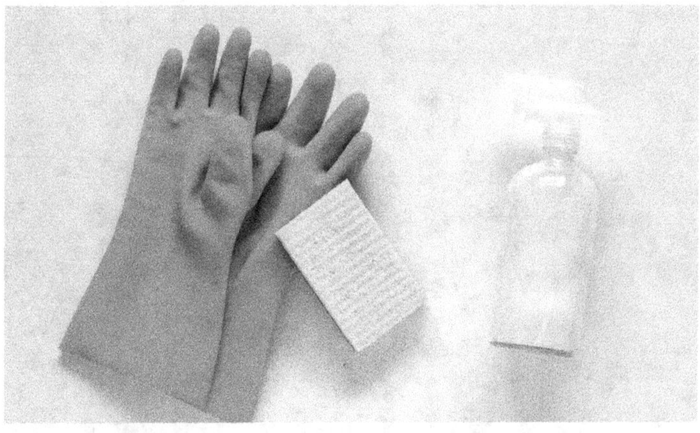

Figura 13. La utilización de los productos de higiene y material adecuado de limpieza reduce la probabilidad de contaminación.

La temperatura juega un papel muy importante como facilitadora o limitadora de la descomposición o contaminación de los alimentos por microorganismos patógenos.

- El calor por encima de 65 °C destruye un gran número de microorganismos.
- A temperaturas entre 10 °C y 60 °C los agentes patógenos que pueda haber en un alimento pueden, en poco tiempo, multiplicarse miles de veces y convertirse en un riesgo para la salud.

Figura 14. Termómetro para medir la temperatura interior de los alimentos.

- La importancia de la refrigeración de los alimentos se debe a que el frío retarda la multiplicación de las bacterias. Cuando se refrigera se trata de impedir el crecimiento de estos microorganismos, para lo que hay que asegurarse de que la temperatura sea lo bastante baja (menos de 5 °C).

Para evitar los efectos nocivos que podrían causar agentes patógenos se debe:

- Cocer los alimentos a temperatura suficiente, como mínimo a 70 °C para asegurar la destrucción de los microorganismos.
- Evitar mantener los alimentos a temperaturas entre 10 °C y 60 °C, en las cuales se puede producir una multiplicación rápida y progresiva de los microorganismos.
- Si el alimento se ha de conservar caliente, hay que mantenerlo a una temperatura de 65 °C como mínimo.
- Si el alimento se ha de conservar frío, el tiempo de enfriamiento desde el final de la cocción hasta llegar a 10 °C no ha de ser superior a dos horas. A continuación, el producto deberá mantenerse en frío a 3 °C.
- El recalentamiento de los alimentos debe efectuarse con rapidez. Hay que asegurarse de que la temperatura llega a los 70 °C, en el centro del producto, en una hora desde que se retira del refrigerador.

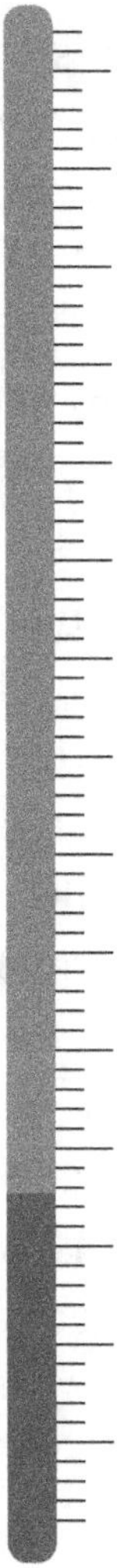

Cocinado Casi todos los microorganismos mueren a partir de los 70 °C. Quedan destruidas las formas de resistencia y sus esporas cuando pasan cierto tiempo a más de 100 °C	120 °C Olla a presión (calor húmedo) 110 °C Asar o freír (calor seco) 98-100 °C Punto de ebullición del agua. Hervir o cocer al vapor 90 °C Término bien cocido (centro) 80 °C Blanqueado de verduras u otros alimentos 70 °C Cocción tierna (centro)
Zona de peligro para el crecimiento bacteriano En torno a los 37 °C es la temperatura favorable para el crecimiento bacteriano	65 °C Alimento caliente 37 °C Temperatura corporal 30 °C Cocina caliente
Refrigeración Crecimiento lento de las bacterias	5 °C Refrigeración adecuada 0 °C Punto de congelación del agua
Congelación No crecen las bacterias ni mueren	-10 °C Congelación doméstica -18 °C Congelación

Gráfico 2. Condiciones de temperatura de los alimentos en relación a las condiciones de vida de los microorganismos patógenos.

La contaminación cruzada se produce cuando los contaminantes pasan de un alimento a otro a través de los utensilios, los equipos, las superficies o de las manos sucias.

Los alimentos crudos pueden contener agentes patógenos que por contacto directo, a través de las manos o por la utilización de superficies y utensilios, pueden contaminar los alimentos cocinados. Para ello es necesario:

- Evitar el contacto entre los alimentos crudos y los cocinados.
- Durante la elaboración de comidas nunca se deben utilizar los mismos utensilios para los alimentos crudos y los cocinados. Por ejemplo, la carne cruda debe cortarse sobre una superficie destinada únicamente a este fin.
- La limpieza de utensilios contribuye a la eliminación de los agentes patógenos que pueda haber dejado el alimento crudo.
- Cada vez que tengamos que probar un alimento para rectificar la sal o los condimentos es imprescindible usar un cubierto limpio.
- Las frutas hay que lavarlas, pues en su superficie pueden quedar restos de pesticidas que si se ingieren pueden ocasionar trastornos.
- Hay que lavar la verdura y la fruta con agua potable a presión y después desinfectarla sumergiéndola en agua

con unas gotas de lejía de uso alimentario. A continuación hay que aclararla con agua potable a presión.

- Los alimentos crudos pueden llevar cierta carga de agentes patógenos. Una limpieza y cocción correctas disminuirá el número de los mismos.

- La separación física entre alimentos evita el peligro de contaminación.

- Las manos pueden transportar agentes patógenos de un alimento crudo a uno cocinado.

- Hay que limpiar con agua potable todas las superficies, después que hayan estado en contacto con los alimentos crudos y antes de utilizarlas con alimentos cocinados.

Figura 15. Los alimentos crudos como el pescado deben cortarse en tablas higienizadas y utilizadas para un único tipo de producto alimentario.

En el agua potable no hay microorganismos que puedan ser perjudiciales para la salud, por lo que los locales donde se preparan alimentos deben disponer de un suministro abundante de agua potable a una presión y a una temperatura adecuada. En el caso de necesitar depósitos de agua deben estar debidamente protegidos de posibles contaminaciones y el agua se debe tratar con desinfectantes autorizados para asegurar su potabilidad.

Para garantizar un uso correcto del agua, hay que tener en cuenta las siguientes consideraciones:

- Se debe asegurar la potabilidad del agua, comprobándolo si es necesario.
- Hay que utilizar agua proveniente de suministro de la red pública que haya sido debidamente tratada.
- Emplear únicamente agua potable para cocinar, para la preparación de hielo, helados, bebidas acuosas, etc.
- Utilizar siempre agua potable para la limpieza de los utensilios y las instalaciones.
- Utilizar agua potable para la higiene corporal.
- Observar que no haya cuerpos extraños dentro de los depósitos.
- Hay que vigilar los depósitos, limpiarlos y desinfectarlos periódicamente.
- Hay que instalar un dosificador automático de cloro.
- Hay que comprobar, diariamente, la eficacia de la cloración.

6.1 Cloración del agua

La cloración permite eliminar de forma sencilla y barata la mayor parte de los microbios, las bacterias, los virus y los gérmenes, aunque es incapaz de destruir ciertos microorganismos parásitos patógenos. La cloración desinfecta el agua, pero no la purifica por completo. No obstante, se considera que es la medida que garantiza un agua microbiológicamente segura gracias al control biológico y químico que conlleva.

La cloración es adecuada siempre que las fuentes de agua carezcan de la calidad suficiente y se disponga de productos clorados adaptados. También es necesaria para la higiene.

El agua se puede clorar mediante la utilización de lejía, dejándola actuar durante 30 minutos. Las lejías aptas para la

Concentración inicial de la lejía (gramos de cloro/litro)*	Cantidad de agua que hay que clorar (en litros)			
	2	4	8	16
40 g de cloro/litro de lejía	10 gotas	1 cc[1]	2 cc	4 cc
80 g de cloro/litro de lejía	5 gotas	10 gotas	1 cc	2 cc
100 g de cloro/litro de lejía	4 gotas	8 gotas	16 gotas	32 gotas

[1] Centímetro cúbico (cc)

Tabla 1. Lejía que hay que añadir en relación a la cantidad de agua que se quiere clorar.

desinfección del agua contienen una cantidad variable de hipoclorito sódico que, según su concentración (dato que figura en las etiquetas de los envases), se añade en mayor o menor cantidad al agua destinada a la higiene y la limpieza.

7 El almacenamiento y conservación de los alimentos

7.1 ¿Qué se debe exigir al adquirir materia prima?

Si bien no suele ser función del manipulador realizar la inspección de las materias primas que vaya a utilizar, sí debe comprobar que estas han pasado la correspondiente inspección sanitaria, que vendrá avalada mediante una acreditación de origen (etiquetas, marchamos, sellos, etc.).

7.2 Clasificación de los alimentos

Los alimentos se clasifican de acuerdo a su tiempo de duración:

- **No perecederos**
  Son aquellos que no se deterioran o descomponen fácilmente. Por ejemplo, la harina, la pasta seca o el azúcar.

- **Semiperecederos**
  Son aquellos que permanecen inalterados durante periodos largos de tiempo. Por ejemplo, las nueces, las

Figura 16. Diferentes productos semiperecederos almacenados. Se trata de diferentes tipos de conservas y semiconservas.

patatas, los comestibles que se conservan debidamente congelados y los alimentos enlatados, si se almacenan en depósitos secos y frescos.

- **Perecederos**

Son aquellos de corta duración porque se descomponen fácilmente. Dentro de este grupo se encuentran la mayoría de alimentos, tales como la leche y sus derivados, la carne, los huevos, las frutas y las verduras. Además, se incluye la comida preparada, los alimentos enlatados una vez que el envase ha sido abierto, y los congelados, en cuanto se descongelan.

Una vez que los alimentos se han elaborado y han sido debidamente inspeccionados, deben ser rápidamente almacenados de manera adecuada para evitar su posible deterioro o contaminación.

Unas condiciones de almacenamiento deficientes contribuyen a la posible contaminación de los alimentos por agentes patógenos. Para evitarlo se deben tener en cuenta las siguientes indicaciones:

- Evitar el exceso de humedad, ya que favorece el crecimiento de los agentes patógenos.
- No almacenar nunca los alimentos directamente sobre el suelo u otras superficies que no están destinadas a la manipulación y el almacenamiento de alimentos.
- Almacenar separadamente los alimentos crudos y los cocinados con el fin de evitar la contaminación cruzada entre ellos.
- Proteger los alimentos almacenados mediante envolturas de material inocuo o envases herméticos.
- Almacenar siempre los alimentos en locales aislados del exterior mediante una protección adecuada contra insectos (telas mosquiteras en las ventanas, aparatos de control de insectos y plagas, etc.), ya que estos pueden actuar como vehículos en la contaminación (heces, orinas, etc.).
- Los roedores y otros animales, además de la destrucción del alimento, pueden ser la causa de su contaminación.

TEMPERATURAS PARA LA CONSERVACIÓN DE LOS ALIMENTOS			
Producto	*Temperatura de recepción (°C)*	*Temperatura de almacenamiento (°C)*	*Tiempo (días)*
Frutas y verduras	Frutas y verduras 15°C	5-8°C	Establecimientos/ entidades: 3 Particulares: 10
Aves	4°C	Refrigeración 1-2°C	Hasta 3
Carnes	4°C	Refrigeración 1-2°C	Hasta 2
Cremas	4°C	Refrigeración 2-4°C	10
Huevo	Ambiente	Ambiente Refrigeración 4°C	Establecimientos/ entidades: 7 Particulares: 15
Lácteos	4°C	Refrigeración 2-4°C	5
Leche líquida	4°C	Cerrada a temperatura ambiente *(tetra pack)* Abierta refrigeración 3-4°C	Hasta 60 (2 meses)
Pan	Ambiente	Ambiente	Establecimientos/ entidades: 3 Particulares: 7
Pescado	4°C	Refrigeración 1-2°C	1 día
Quesos	2-8°C	Refrigeración 2°C En cuanto a más contenido de humedad en el queso, más baja ha de ser la temperatura	Una vez abierto el queso es recomendable almacenarlo como máximo durante 15 días en refrigeración a 2°C. Quesos frescos: 1 semana
Tortilla de harina	Ambiente	4-7°C	Establecimientos/ entidades: 3 Particulares: 7

Tabla 2. Temperaturas óptimas para la conservación de diferentes tipos de alimentos y la duración en buenas condiciones de los mismos.

- Mantener en condiciones de refrigeración o congelación, según el caso, todos los alimentos perecederos y semi-perecederos.

- No sobrecargar las cámaras frigoríficas, ya que se prolongaría el tiempo necesario para alcanzar el enfriamiento adecuado (de 2 a 8 °C para alimentos refrigerados y de -12 a -25 °C para congelados).

- Disponer de un termómetro para detectar oscilaciones en las temperaturas dentro del refrigerador.

- No introducir los alimentos calientes en el frigorífico, ya que pueden alterar la temperatura interior.

- Se tienen que colocar en las bandejas superiores del refrigerador los alimentos listos para el consumo.

- No se deben almacenar demasiados alimentos en el refrigerador para permitir la libre circulación de aire entre ellos, siempre que sea posible.

7.4 Conservación y cuidado de los productos congelados

Unas consideraciones fundamentales respecto a la temperatura y condiciones de almacenamiento de los productos congelados son:

- Lo primero adentro, lo primero afuera. Este sistema se denomina FIFO *(first in, first out)* y significa que los primeros alimentos almacenados serán los primeros en utilizarse. Debe haber una correcta rotación de

Alimentos	Condiciones	
	Óptimas (meses)	Buenas (meses)
Frutas y verduras		
Mango, lechosa o papaya, piña, manzana	6	12
Melocotones	6	24
Fresas congeladas en casa	4	6
Verduras	6	12
Carnes y aves		
Aves en piezas	3	6
Aves enteras	6	12
Aves enteras preparadas	6	9
Carne molida	2	4
Cerdo o cochino	3	6
Carne para la parrilla	6	8
Ternera	4	6
Vísceras (hígado, corazón, riñones, etc.)	1	3
Salchichas	1	3
Embutidos rebanados	1	2
Tocino o tocineta	1	3
Carnes cocinadas	1	2
Pescado entero	1	3
Camarones, almejas, ostras y ostiones	1	3
Otros productos		
Mantequilla	3	6
Quesos madurados	2	4
Pan de molde industrial	1	2
Pasteles	2	5
Nueces y frutos secos	2	6
Café	6	12

Tabla 3. Tiempo de conservación de los alimentos congelados según el tipo de producto.

los productos para que los primeros que llegan sean los primeros que salgan y no haya productos a punto de caducar.

- Siempre que sea posible, los vegetales y los productos provenientes del mar no deben almacenarse junto a los productos cárnicos y los lácteos y sus derivados, ya que trasmiten sus fuertes olores y sabores. Es recomendable guardar la carne o el pescado en bandejas de aluminio, envueltas en plástico.
- Los alimentos preparados y semipreparados no deben ser colocados en el mismo ambiente donde se alma-

Figura 17. En el frigorífico se deben almacenar los productos en los diferentes estantes, según el sistema FI-FO. Además, se deben mantener en envases o envueltos en film transparente para evitar la contaminación.

Figura 18. Es importante mantener una temperatura constante de los alimentos almacenados en el friogorífico.

cenan las materias primas. Estos alimentos deben estar depositados en recipientes herméticos de material inoxidable y no tóxico, como los envases de aluminio y los de acero inoxidable. También son recomendados los envases de plástico, que garantizan la calidad del producto.

- Las bacterias se multiplican rápidamente no solo en la carne, sino también en los caldos y en las salsas. Para prevenir la proliferación de los microorganismos en estos alimentos, si no se van a servir de inmediato, deberán colocarse en envases poco profundos y mantenerse refrigerados adecuadamente.

7.5 La exposición de los alimentos

La exposición de los alimentos debe realizarse en establecimientos que ofrezcan las siguientes garantías:

- Locales limpios y personas aseadas.
- Exposición de los alimentos en estantes, nunca sobre el suelo.
- Exposición separada de los diferentes productos: carnes, pollos, pescados, lácteos, fiambres, etc.
- Cámaras frigoríficas y arcones no sobrecargados, sin sobrepasar la línea de seguridad.
- Etiquetado correcto y claro, con un margen amplio de fecha de consumo.

*Figura 19. Los alimentos han de estar expuestos en estanterías
y neveras de manera separada de los diferentes productos.*

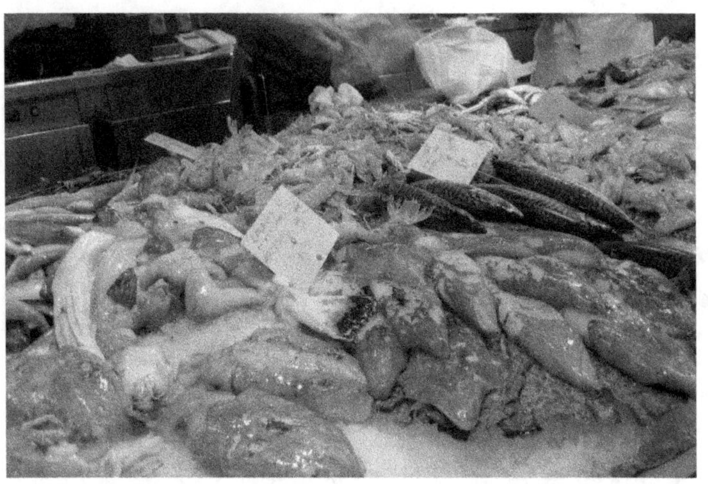

*Figura 20. El pescado ha de mantenerse en condiciones
de temperatura adecuada y en un entorno higiénico.*

- Utilización de diferentes utensilios para el corte de los diferentes alimentos.
- Manipulación mínima de los productos durante el corte, el pesado y el envasado.

7.6 ¿Cuándo desechar los alimentos?

Como medida preventiva, hay que observar el aspecto de los alimentos y no dudar en desecharlos si presentan alguna de las siguientes características:

- Reblandecimiento.
- Endurecimiento.

- Goteo.
- Encogimiento.
- Enmohecimiento.
- Burbujeo.
- Olor a moho, fermentado, rancio o azufroso.
- Sabores extraños (agrio, alcoholizado, amargo o fermentado).

Los alimentos cocidos pueden mostrar algunas de estas características o pueden no mostrar ninguna y, sin embargo, volverse peligrosos en muy pocas horas.

¿Descompuesto o contaminado?

No es lo mismo un alimento descompuesto que un alimento contaminado.

En la mayoría de los casos no se producen enfermedades por ingerir alimentos que se han descompuesto ya que sencillamente es un alimento que ha perdido valor nutritivo, tiene mal sabor, tal vez mal olor y bajo estas condiciones no debe ser preparado o servido.

Por otra parte, el alimento contaminado con gérmenes tóxicos no siempre muestra malas condiciones, tiene un buen aspecto, sabor, olor o color y, por lo tanto, reviste mayor peligrosidad debido a que a simple vista parece un alimento totalmente sano.

Los restos de alimentos permiten la multiplicación de agentes patógenos y atraen plagas (insectos, roedores, etc.). A su vez, la basura formada por estos restos puede fermentar y pudrirse, lo que hace que se convierta en un foco de contaminación peligroso. Por estos motivos, es necesario seguir las normas de prevención siguientes:

- La basura se debe recoger en recipientes de materiales fáciles de limpiar e impermeables, que dispongan de una tapa que cierre herméticamente de manera automática y con las esquinas redondeadas para facilitar su limpieza.
- Los recipientes se deben colocar en puntos de fácil acceso, pero que no supongan un riesgo de contacto con los alimentos.
- En el interior del recipiente hay que poner una bolsa de plástico de un solo uso fijada en la boca.
- Una vez que las bolsas estén llenas, se deben depositar en un espacio destinado específicamente a almacenarlas provisionalmente hasta que sean retiradas por los servicios de recogida residuos sólidos.
- Las bolsas de basura se deben retirar siempre diariamente.
- Los recipientes se deben limpiar y desinfectar cada vez que se vacíen. Como mínimo, se ha de realizar esta acción una vez al día.

- La limpieza de los recipientes se debe hacer con agua potable caliente y detergente y después se deben desinfectar.

- Después de manipular o retirar la basura hay que lavarse las manos escrupulosamente.

9 El transporte y la distribución de los alimentos

El correcto acondicionamiento de los medios de transporte de los alimentos es una importante medida que se debe tomar para evitar su descomposición o contaminación. Por este motivo hay que tomar las siguientes precauciones:

- Se deben utilizar vehículos de transporte adecuados para mantener la temperatura necesaria para cada alimento (entre 0 y 5 °C para los productos refrigerados y una temperatura igual o inferior a −18 °C para productos congelados).

- La carga y descarga debe realizarse con la mayor rapidez posible.

- No hay que depositar los alimentos directamente sobre el suelo del vehículo.

- En las operaciones de carga y descarga no se deben dejar las puertas del vehículo abiertas innecesariamente. Con ello se evitará la entrada de insectos, polvo u otras sustancias, así como la pérdida de frío del interior del vehículo.

1 Los alimentos deben ser:

a) Nocivos.
b) Inocuos y salubres.
c) Lavados siempre con agua antes de ingerir.

2 Uno de los factores que puede favorecer la contaminación de los alimentos es:

a) El manipulador.
b) Los factores ambientales.
c) Los utensilios inadecuados.

3 El manipulador, además de lavarse las manos al retornar a su puesto de trabajo, también deben hacerlo:

a) Antes de ir al servicio.
b) Después de la jornada de trabajo.
c) Después de manejar dinero.

4 Los principales hábitos higiénicos son:

a) Limpieza y desintoxicación del manipulador.
b) Limpieza, desinfección e higienización de los equipos, utensilios y superficies.
c) Los que el manipulador crea convenientes.

5 La temperatura de un alimento por encima de 65 °C:

a) Destruye un gran número de microbios.
b) En poco tiempo provoca que los microorganismos se multipliquen miles de veces.
c) Retrasa la multiplicación de las bacterias.

6 ¿A qué temperatura se deben conservar los alimentos en frío para evitar la aparición de bacterias?

a) A menos de 5 °C.
b) A más de 5 °C.
c) A temperatura ambiente.

7 La contaminación cruzada se produce:

a) Cuando los contaminantes pasan en grupos de bacterias.
b) Cuando los contaminantes pasan de un alimento al manipulador.
c) Cuando los contaminantes pasan de un alimentos a otro a través de utensilios, equipos, superficies o manos sucias.

8 En relación al aprovisionamiento de agua, se debe observar:

a) Que el agua no sea clorificada.

b) Que haya instalado un dosificador automático de cloro.

c) Ninguna de las anteriores es correcta.

9 Los alimentos perecederos son:

a) Aquellos que no se descomponen rápidamente como la harina o los espaguetis.

b) Los que permanecen inalterados durante mucho tiempo como las nueces o las patatas.

c) Aquellos de corta duración porque se descomponen fácilmente.

10 ¿Con qué periodicidad se debe retirar la basura?

a) Diariamente.

b) Semanalmente.

c) Un mínimo de cuatro veces por semana.

11 Durante el transporte de alimentos en vehículos adecuados, la temperatura de conservación ha de ser:

a) Entre 0 y 5 °C para productos refrigerados y −18 °C para los congelados.

b) Entre 0 y 5 °C para productos refrigerados y −10 °C para los congelados.

c) Entre −5 y −1 °C para productos refrigerados y −18 °C para los congelados.

4 La preparación culinaria de los alimentos

Es en esta fase de la cadena alimentaria donde las consecuencias de una mala manipulación de los alimentos pueden tener repercusiones más graves sobre el consumidor. Por ello, se deben extremar las medidas dirigidas a evitar la contaminación de los alimentos y la multiplicación de los agentes patógenos que pueden estar presentes en ellos.

En la preparación de los alimentos para el consumo inmediato existe la posibilidad de la contaminación de los mismos. Hay que recordar los factores que intervienen:

- Conservación de los alimentos.
- Equipos y utensilios de preparación.
- Manipulación de los alimentos.
- Persona que lo prepara.
- Limpieza y desinfección.

Todos estos factores están interrelacionados entre sí y el menor descuido en uno de ellos puede producir la contaminación de los alimentos. Con todo, el factor más importante es la manipulación de los alimentos en el momento de la preparación. Por lo tanto, la persona que realiza esta operación debe saber que toda superficie que pueda estar en contacto con los alimentos debe ser de material impermeable, no absorbente, liso, anticorrosivo y de fácil limpieza, como el acero inoxidable o las tablas de teflón, por ejemplo.

1 La verdura y la fruta

La fruta y la verdura pueden contener microorganismos presentes en el agua y en la tierra de cultivo. El lavado y la desinfección los eliminan.

La solución se puede preparar añadiendo lejía al agua en las siguientes proporciones:

Figura 21. El orden y la limpieza en el momento de la preparación de los alimentos es fundamental para la inocuidad de los mismos.

Figura 22. Las frutas y verduras han de lavarse con agua a presión para eliminar cualquier agente patógeno tanto antes de introducirlas en una solución con lejía como después.

- 10 gotas de lejía de uso alimentario de 20 g cloro/litro.
- 8 gotas de lejía uso alimentario de 25 g cloro/litro.
- 5 gotas de lejía uso alimentario de 40 g cloro/litro.
- 4 gotas de lejía uso alimentario de 80 g cloro/litro.
- 2 gotas de lejía uso alimentario de 100 g cloro/litro.

Se debe lavar con agua potable a presión y sumergir en una solución de agua con lejía de uso alimentario durante cinco minutos la fruta y la verdura. Finalmente se debe aclarar con agua potable abundante a presión.

La fruta y las hortalizas se pueden cocinar sin tener que descongelarlas. En cambio, se debe descongelar completamente la carne, las aves y el pescado antes de cocinarlos.

La descongelación se debe realizar siempre en el frigorífico a 4 °C, o bien en el microondas.

Una vez descongelado el producto nunca se debe volver a congelar y se debe cocinar rápidamente.

Hay que recordar que:

- La descongelación a 4 °C evita la multiplicación de los microbios que pueda haber en el alimento congelado. A

Figura 23. Se deben almacenar los alimentos en el congelador a la temperatura indicada.

temperatura ambiente se podrían reproducir y llegar a un número que resultará peligroso para la salud.

- Durante la descongelación aumenta la humedad del producto, lo cual puede contribuir a la multiplicación de los microorganismos.
- Nunca hay que ayudar a descongelar el producto poniendo el alimento bajo el chorro de agua del grifo.
- La descongelación incompleta de piezas de carne o de pescado puede ser la causa de que la temperatura de cocción, en el centro del producto, no llegue a los 70 °C necesarios para destruir los microbios que pueda haber en el mismo.

3 Las conservas y las semiconservas

Mientras que los procedimientos caseros no pueden garantizar la aplicación de la temperatura ni la presión adecuadas, los tratamientos térmicos industriales aseguran la destrucción de los microorganismos.

Toda anomalía observada en un envase puede ser un signo de contaminación de su contenido.

- **Qué se debe hacer con las conservas**
  - Solo se deben utilizar conservas industriales.
  - No se deben emplear las que se presenten en envases oxidados, abollados o que no lleven la etiqueta correspondiente.

– No se deben utilizar nunca las conservas que se presenten en envases abombados o que desprendan gas o mal olor al abrirlos.

– Una vez abierto el envase el contenido se puede contaminar, por lo que se debe proteger y mantener en frío. La parte que no se consuma se debe trasvasar a un recipiente limpio que se pueda tapar y conservar en el frigorífico.

- **Qué se debe hacer con las semiconservas**
  – Tal como se indica en las etiquetas, se deben conservar en frío y nunca a temperatura ambiente para que permanezcan en perfecto estado durante tanto tiempo como las conservas.

Figura 24. Las conservas han de presentar un envase en perfecto estado y deben estar correctamente etiquetadas.

– Las semiconservas no han tenido un tratamiento térmico que asegure la destrucción de los microorganismos, por esto se deben conservar en el frigorífico hasta el momento de su consumo. Este es el caso de semiconservas como las anchoas y otros productos en salazón.

4 Los alimentos sensibles

4.1 La mahonesa

Hay que tener especial cuidado con la mahonesa y cualquier otra salsa que lleve huevo como ingrediente, y atenerse o lo que dictan las normativas sanitarias sobre la preparación y la conservación de mahonesa de elaboración propia y otros alimentos elaborados con ovoproductos. En la elaboración de este tipo de alimentos en cualquier tipo de establecimiento que elabore o sirva comidas en los que se utiliza el huevo como ingrediente solo se deben utilizar:

- Las salsas de mesa envasadas, debiendo cumplir con las condiciones y los requisitos establecidos en la reglamentación técnico-sanitaria para la elaboración, la circulación y la comercialización de salsas de mesa.
- Ovoproductos que hayan sido pasteurizados y elaborados por empresas autorizadas e inscritas en los registros sanitarios de industrias alimentarias.

Figura 25. Hay que prestar especial atención a la higiene de los utensilios utilizados para los alimentos sensibles como la mahonesa.

La temperatura máxima de conservación de estos alimentos será de 8 °C y el período de conservación no sobrepasará las 24 horas.

Tiene una especial importancia en este apartado la *salmonella*. Es una bacteria que se transmite por contacto directo o contaminación cruzada durante la manipulación o procesado de alimentos.

Cuando se utilizan estas salsas para la elaboración de otros platos, por ejemplo, ensaladillas, huevos rellenos, etc., nunca se mezclarán mientras algún ingrediente esté caliente.

A la hora de preparar tortillas hay que tener en cuenta que para destruir los posibles microorganismos es necesaria una temperatura de cocción de 70 °C durante dos minutos. No se deben mantener nunca a temperatura ambiente porque los microbios se pueden multiplicar en ellas y resultar peligrosos para la salud.

Además se debe tener en cuenta que:

- En la preparación de las tortillas se han de emplear ovoproductos.
- Se deben consumir inmediatamente después de haberlas hecho, o bien conservarlas en el frigorífico.

Figura 26. La tortilla es un producto al que se debe prestar especial atención a la hora de cocinarlo, igual que cualquier otro producto que incluya ovoproductos entre sus ingredientes.

Respecto a las ensaladas es necesario saber que:

- Se deben mantener siempre en el frigorífico.
- Los utensilios estén escrupulosamente limpios.
- Los ingredientes crudos estén perfectamente limpios y desinfectados.
- Se deben aliñar con condimentos que proporcionen acidez (limón, vinagre, yogur, etc.) dado que reducen la posibilidad de contaminación y proliferación de microorganismos.
- Se deben evitar las salsas a base de huevo o leche, especialmente si no es posible garantizar una estricta pre-

Figura 27. La temperatura tiene un papel fundamental en la elaboración y presentación de las ensaladas dado que deben mantenerse siempre en frío. Los aliños pueden contener ácidos para reducir la posibilidad de contaminación.

paración y conservación en frío del producto hasta el momento de su consumo.

- Es necesario que todos los ingredientes estén fríos antes de mezclarlos.

4.4 La carne picada

Cuando se trincha la carne aumenta la temperatura del producto, hay más superficie de contacto con el aire y el medio es más jugoso. Estos factores favorecen la multiplicación de los microbios y, además, los pequeños restos de suciedad pueden contaminar gravemente este alimento vulnerable.

Figura 28. Hay que tener atención en la higiene en las preparaciones con carne picada.

Al manipular la carne picada se debe respetar particularmente las siguientes indicaciones:

- Las preparaciones con carne picada se deben cocer completamente a 70 °C y consumirlas inmediatamente.
- Las máquinas de trinchar se deben tener escrupulosamente limpias y desinfectadas.

Figura 29. La correcta manipulación del marisco fresco y mantener una buena higiene garantiza la protección del consumidor y del manipulador del producto.

El control de la zona de origen del marisco que garantiza su seguridad y la cocción completa que asegura la destrucción de las bacterias son las mejores prácticas para este producto.

Así, se debe consumir únicamente marisco de origen conocido y hay que evitar consumirlo crudo.

1 En la fase de preparación culinaria de los alimentos, la consecuencia de una mala manipulación:

a) Puede tener mayores pérdidas económicas en lo que al producto final se refiere.

b) Puede tener repercusiones graves sobre el consumidor.

c) Puede tener repercusiones graves sobre el manipulador.

2 La cantidad de solución de agua con lejía de uso alimentario para 100 g cloro por litro es:

a) 2 gotas.

b) 10 gotas.

c) 20 gotas.

3 Los alimentos que se pueden cocinar sin descongelar son:

a) Carnes.

b) Pescados.

c) Frutas y hortalizas.

4 Las conservas se deben:

a) Mantener en frío.
b) Abrir independientemente del estado del envase.
c) Mantener la parte sobrante de la conserva en el mismo envase.

5 La máxima prolongación de la conservación de la mayonesa es:

a) A 12 °C durante un plazo máximo de 48 h.
b) A 8 °C durante un plazo máximo de 24 h.
c) A 8 °C durante un plazo máximo de 48 h.

5 La pastelería

La nata es un alimento rico en nutrientes que favorece la multiplicación de bacterias. En los restos de nata que puedan quedar en la batidora durante cierto tiempo a temperatura ambiente, pueden proliferar bacterias que contaminarán la nueva nata que se monte.

La mezcla de la nata con restos anteriores, probablemente contaminados, puede estropear el nuevo producto elaborado.

Figura 30. La nata es un producto alimentario sensible a la contaminación que debe ser preparado en las condiciones adecuadas de higiene y temperatura.

Por estos motivos, es aconsejable:

- Utilizar nata pasteurizada envasada en recipientes pequeños.
- Conservarla en el frigorífico entre 0 y 5 °C.
- No se debe mezclar la nata batida utilizada con la del día anterior.
- Limpiar la máquina de montar la nata al final de la jornada de trabajo con agua caliente potable.

2 La crema

La crema es otro producto sensible que requiere tener presente, al menos, estas tres indicaciones:

Figura 31. Las cremas deben prepararse con utensilios higienizados y hay que poner especial atención a la temperatura de los ovoproductos.

- La crema solo se puede preparar con ovoproductos higienizados, excepto cuando se aplique un tratamiento térmico que alcance los 75 °C.

- Si se prepara por cocción de las yemas de huevo, la temperatura de cocción debe ser de 75 °C durante un tiempo mínimo de cinco minutos. El enfriamiento se debe hacer en un tiempo inferior a dos horas y a continuación se debe conservar en el refrigerador en envases pequeños y cubiertos.

- Las cremas y los pasteles que contienen huevo se deben mantener en frío.

3 Las mangas y los pinceles

En las mangas y los pinceles se pueden acumular restos de crema, nata, huevos batidos, gelatinas, etc. En estas sustancias se pueden multiplicar, con gran facilidad, los microbios. Por ello hay que seguir las siguientes pautas:

- Estos utensilios se deben limpiar y desinfectar cada vez que se utilicen. Se deben lavar con agua caliente potable y detergente, y desinfectar sumergiéndolos en agua hirviendo durante 15 minutos. Posteriormente, se han de aclarar con agua potable abundante y dejar que se sequen.

- Es aconsejable utilizar mangas de un solo uso. Las mangas de un solo uso disminuyen el riesgo de contaminación.

*Figura 32. Siempre es mejor utilizar mangas de un solo uso
o higienizarlas con agua hirviendo.*

Cuestionario 5

1 Referente a la nata, pueden proliferar bacterias:

a) Cuando quedan restos en la batidora y se mantienen cierto tiempo a temperatura ambiente.

b) Al mezclar con restos de días anteriores.

c) Las dos anteriores son correctas.

2 Las condiciones de cocción para la preparación de crema con yemas de huevo deben ser:

a) A 75 °C durante 15 minutos.

b) A 75 °C durante 10 minutos.

c) A 100 °C durante 10 minutos.

   Manual del manipulador de alimentos

6 Procedimiento ante una infección o intoxicación alimentaria

Es importante que ante una infección o una intoxicación alimentaria se proceda de la siguiente manera:

- Se debe comunicar de inmediato a la autoridad sanitaria correspondiente.
- Hay que tratar de recordar y anotar los menús y alimentos consumidos por la persona o el grupo de personas afectadas, así como la fecha y el lugar donde se adquirieron.
- Se tienen que conservar, aislados y refrigerados, los restos de estos alimentos, incluido los envases vacíos. Su análisis puede ser decisivo a la hora de encontrar la causa del problema.
- Hay que colaborar con el personal sanitario.

Las normas higiénico-sanitarias recogidas en este manual básico se deben tener siempre presentes, porque la salud de todos depende de las buenas prácticas del trabajo desempeñado.

1 Ante una intoxicación o infección alimentaria se debe:

a) Comunicar de inmediato a la autoridad sanitaria correspondiente.

b) Tratar de recordar y anotar los menús y alimentos consumidos por el grupo de personas afectadas, así como la fecha y lugar dónde se adquirieron.

c) Las dos anteriores son correctas.

7 Sustancias o productos que causan alergias o intolerancias

Con el aumento del número de personas que sufren algún tipo de alergia alimentaria, es de gran importancia garantizar la seguridad de las personas. La ley de alérgenos, recogida en el Reglamento Europeo 1169/2011, establece que todas las empresas operadoras de colectividades tendrán que informar de los alérgenos que contengan sus platos. Es de vital importancia informar sobre todo ingrediente que cause alergias o intolerancia, se utilice en la fabricación o la elaboración de un alimento y siga estando presente en el producto acabado, aunque sea en forma modificada. A continuación se detallan los 14 grupos de sustancias alérgicas:

1 Cereales que contengan gluten (trigo, centeno, cebada, avena, espelta, kamut o sus variedades híbridas y productos derivados, salvo los jarabes de glucosa a base de trigo, incluida la dextrosa[1]; maltodextrinas a base de trigo[1] y jarabes de glucosa a base de cebada; y los ce-

---

[1] Se aplica también a los productos derivados, en la medida en que sea improbable que los procesos a que se hayan sometido aumenten el nivel de alergenicidad determinado por la autoridad competente para el producto del que se derivan.

reales utilizados para hacer destilados alcohólicos, incluido el alcohol etílico de origen agrícola.

2 Crustáceos y productos a base de crustáceos.

3 Huevos y productos a base de huevo.

4 Pescado y productos a base de pescado, salvo la gelatina de pescado utilizada como soporte de vitaminas o preparados de carotenoides; la gelatina de pescado o ictiocola utilizada como clarificante en la cerveza y el vino.

5 Cacahuetes y productos a base de cacahuetes.

6 Soja y productos a base de soja, salvo el aceite y grasa de semilla de soja totalmente refinados[1]; los tocoferoles naturales mezclados (E306), d-alfa tocoferol natural, acetato de d-alfa tocoferol natural y succinato de d-alfa tocoferol natural derivados de la soja; los fitosteroles y ésteres de fitosterol derivados de aceites vegetales de soja; y ésteres de fitostanol derivados de fitosteroles de aceite de semilla de soja.

7 Leche y sus derivados (incluida la lactosa), salvo el lactosuero utilizado para hacer destilados alcohólicos, incluido el alcohol etílico de origen agrícola; y el lactitol.

8 Frutos de cáscara, es decir: almendras *(Amygdalus communis L.)*, avellanas *(Corylus avellana)*, nueces *(Juglans regia)*, anacardos *(Anacardium occidentale)*, pacanas *(Carya illinoensis [Wangenh.] K. Koch)*, nueces de Brasil *(Bertholletia excelsa)*, alfóncigos *(Pistacia vera)*, nueces macadamia o nueces de Australia *(Macadamia ternifolia)* y productos derivados, salvo los frutos de cáscara

utilizados para hacer destilados alcohólicos, incluido el alcohol etílico de origen agrícola.

 9 Apio y productos derivados.

10 Mostaza y productos derivados.

11 Granos de sésamo y productos a base de granos de sésamo.

12 Dióxido de azufre y sulfitos en concentraciones superiores a 10 mg/kg o 10 mg/litro en términos de SO_2 total, para los productos listos para el consumo o reconstituidos conforme a las instrucciones del fabricante.

13 Altramuces y productos a base de altramuces.

14 Moluscos y productos a base de moluscos.

Agentes patógenos causantes de enfermedades

Algunos microorganismos que causan las enfermedades por contaminación de los alimentos son *Clostridium botulinum, Clostridium perfringens, Staphilococcus aureus, Salmonella, Bacillus cereus, Escherichia coli, Listeria monocytogenes, Yersinia enterocolítica* y *Campylobacter*.

Una vez contraída la enfermedad, a veces es necesario un tratamiento farmacológico que puede incluir analgésicos, antieméticos, antidiarreicos y antibióticos, dependiendo del tipo de agente patógeno causante de la TIA.

En la tabla 4 se analizan algunos de los más relevantes y se exponen las medidas preventivas para su control.

Definición	Medidas preventivas
Salmonella	
Se trata de un microorganismo aeróbico que se encuentra principalmente en el intestino humano, de animales, en la superficie de huevos, en la piel y en las patas de ratones y en las moscas. Los alimentos contaminados con Salmonela más comunes son los huevos, carnes de aves y mamíferos, productos lácteos, pescados, crustáceos y moluscos. El período de incubación oscila entre las primeras 12 a 36 horas y se produce una sintomatología intestinal típica que incluye dolores abdominales, náuseas, cefalea, fiebre, temblores y diarrea fétida. Los síntomas pueden durar entre 1 a 7 días y luego desaparecen.	– Cocción a 65 °C durante cinco minutos o a 70 °C durante un minuto. – pH inferior a 4,2. – Controlar la contaminación cruzada. – Cuidar la higiene personal. – Limpieza de utensilios, maquinaria y superficies. – Refrigeración rápida y adecuada de los alimentos. – Precauciones sanitarias en mataderos.
Escherichia coli	
Puede causar infecciones intestinales graves tales como infecciones en el aparato excretor, en las vías urinarias, cistitis, uretritis, meningitis, entre otras. También puede provocar cansancio, fiebre, náuseas o vómitos. Principalmente llega a los alimentos por culpa de una manipulación poco higiénica. Puede ser foco de este microorganismo la carne y los pasteles de nata o crema. Se desarrolla a partir de 7 °C. La mayoría de casos mejora entre los 5 y 10 días siguientes a la enfermedad.	– Manipular los alimentos con seguridad. – Lavar la carne, la fruta y la verdura. – Evitar la leche y los jugos sin pasteurizar. – Evitar tragar agua en piscinas contaminadas con deshechos humanos. – Se destruye gracias al calentamiento a 70 °C durante unos minutos.

Staphylococcus

Definición	Medidas preventivas
La causa es la enterotoxina producida por determinadas cepas toxigénicas de *S. aureus*. Este germen se encuentra en la piel, la nariz, la garganta, las heridas, etc. También en alimentos muy manipulados, contaminados durante su producción, su transporte o su servicio. Hay que tener una especial precaución con las cremas, la pastelería, las carnes, las natillas, las salsas y los patés por ser alimentos que se consumen sin calentar y mucho después de su preparación. Tras un período de incubación de 1 a 8 horas, pueden aparecer dolores abdominales, cefalea, náuseas y diarrea. Los síntomas se mantienen de 24 a 48 horas. Se trata de una de las toxiinfecciones de mayor incidencia, pero en muchos casos no se tiene constancia, ya que dada su corta duración no se notifica.	– Mantener por debajo de 4 °C los alimentos cocidos para evitar la formación de toxinas. – El recalentamiento no destruye las toxinas. – Hay que extremar las medidas de higiene y evitar la contaminación cruzada. – Se debe cuidar la higiene personal, y evitar toser, estornudar, sonarse o hablar cerca de los alimentos.

Listeria monocytogenes

Definición	Medidas preventivas
Suele provocar listeriosis, diarrea, náuseas, erupciones de piel. Tiene mucho peligro ya que es capaz de atravesar membranas, y en embarazadas puede llegar al feto, produciendo malformaciones.	– Hay que tener especial atención con productos como quesos, productos cárnicos cocidos, pescados ahumados. – Buen tratamiento térmico. – Cuidar la higiene personal. – Limpieza y desinfección diaria. – Tener el almacén de alimentos a temperatura adecuada.

Continúa

Continuación

Definición	Medidas preventivas
Clostridium botulinum	

Definición

Se trata de un bacilo anaeróbico que abunda en el suelo, tubo digestivo de animales, humanos y en algunos pescados. Puede estar presente en las conservas mal esterilizadas (las esporas se destruyen con la esterilización, pero la toxina sobrevive), también puede aparecer en pescados envasados al vacío, ahumados, adobados o en el centro de piezas de carne muy grandes, por ejemplo.

Aunque los casos de botulismo son poco frecuentes, es mejor tomar precauciones, pues sus consecuencias pueden ser mortales. Los síntomas de la intoxicación incluyen dificultad para tragar, doble visión, debilidad muscular y parálisis.

Los síntomas se manifiestan entre uno y cuatro días después de haberse ingerido el alimento contaminado. El antídoto debe administrarse con rapidez.

El período de incubación es corto dado que se manifiesta entre las primeras 18 a 36 horas. La sintomatología principal es un cuadro intestinal (náuseas, vómitos, diarreas), síntomas neurológicos (debilidad, laxitud, mareos, vértigo), problemas en la visión y dificultad al respirar que puede llevar a muerte por insuficiencia o paro cardíaco.

Medidas preventivas

- La esterilización industrial destruye las esporas.
- La toxina se destruye a 100 °C durante 10 minutos.
- No se forma toxina por debajo de 8,5 °C, por debajo de pH 4,2 y por encima de 8,5 % de sa.
- La adecuada producción de las conservas y una limpieza escrupulosa de los productos es la mejor prevención.
- Evitar la fabricación de conservas caseras.
- En el caso de realizar conservas caseras, es mejor hacerlas solo de los alimentos ácidos, como el tomate o el escabeche. Evite realizarlas de otro tipo de alimentos, especialmente verduras que tengan mucha tierra, como los espárragos.
- Conservación en refrigeración de las semiconservas.
- Controles bacteriológicos de los productos sometidos a tratamientos de conservación.
- Eliminar todo producto que presente la existencia de gas o hinchamiento (por ejemplo, en conservas) ya que puede ser una indicación de la actuación de las toxinas.

Definición	Medidas preventivas
Clostridium perfringens	
Se localiza en el intestino animal y humano, en el suelo y en el polvo. Es un microorganismo que se multiplica sin oxígeno, lo que hace que pueda producir una toxina sensible a la temperatura. Sus esporas pueden permanecer activas después de la cocción. Suelen contaminar carnes, aves y derivados, preparados en grandes cantidades. Los síntomas se manifiestan a partir de las primeras 8 a 22 horas después de haber ingerido el alimento contaminado y causa dolores abdominales, calambres, diarreas profusas, pocas veces causa vómitos y fiebre. La duración de los síntomas oscila entre 24 y 48 horas, excepto en personas mayores y niños en los que la enfermedad puede ser más grave.	- Higiene general de instalaciones, utensilios e higiene de los manipuladores. - Cocinado adecuado de la carne, sobre todo cuando son trozos grandes. - Una refrigeración adecuada y rápida. - Separación entre alimentos crudos y cocinados.

Tabla 4. Agentes patógenos más relevantes y medidas preventivas

Acciones básicas en caso de toxiinfecciones alimentarias

En el caso de padecer alguna enfermedad causada por la ingestión de alimentos contaminados, se deben seguir las siguientes premisas:

- Obtener muestras de heces, vómitos y sangre, y hacer un cultivo cuando sea necesario (para intentar averiguar el agente patógeno causante de la enfermedad).

- Es importante llevar a cabo un análisis microbiológico del alimento sospechoso.
- Corrección de las pérdidas hídricas y electrolíticas.
- En casos de hipotensión e imposibilidad de reposición oral, se aconseja el tratamiento parenteral con glucosa y soluciones electrolíticas.
- Control de las constantes vitales para la detección de una posible hipotensión o parálisis respiratoria.
- En casos de diarrea infecciosa, se tienen que evitar los antidiarreicos, ya que podrían alargar el cuadro.
- Comunicación a las autoridades sanitarias de la sospecha de una toxiinfección alimentaria.

8 Las cinco claves de la Organización Mundial de la Salud para la inocuidad de los alimentos

La Organización Mundial de la Salud (OMS) es consciente de la necesidad de concienciar a los manipuladores de alimentos sobre sus responsabilidades respecto de la inocuidad de estos. En ***Las cinco claves para la inocuidad de los alimentos*** la OMS presenta mensajes fáciles de recordar y las razones por las que se deben tomar las medidas propuestas para evitar riesgos alimentarios.

La prevención de las enfermedades de transmisión alimentaria es fundamental por los siguientes motivos:

- Son un problema tanto en los países desarrollados como en los países en vías de desarrollo.
- Suponen un lastre para los sistemas de atención de la salud.
- Afectan gravemente a lactantes, la infancia, personas ancianas y enfermas.
- Crean un círculo vicioso de diarrea y malnutrición.
- Perjudican la economía y el desarrollo de los países y el comercio internacional.

Los mensajes expuestos en Las cinco claves para la inocuidad de los alimentos son:

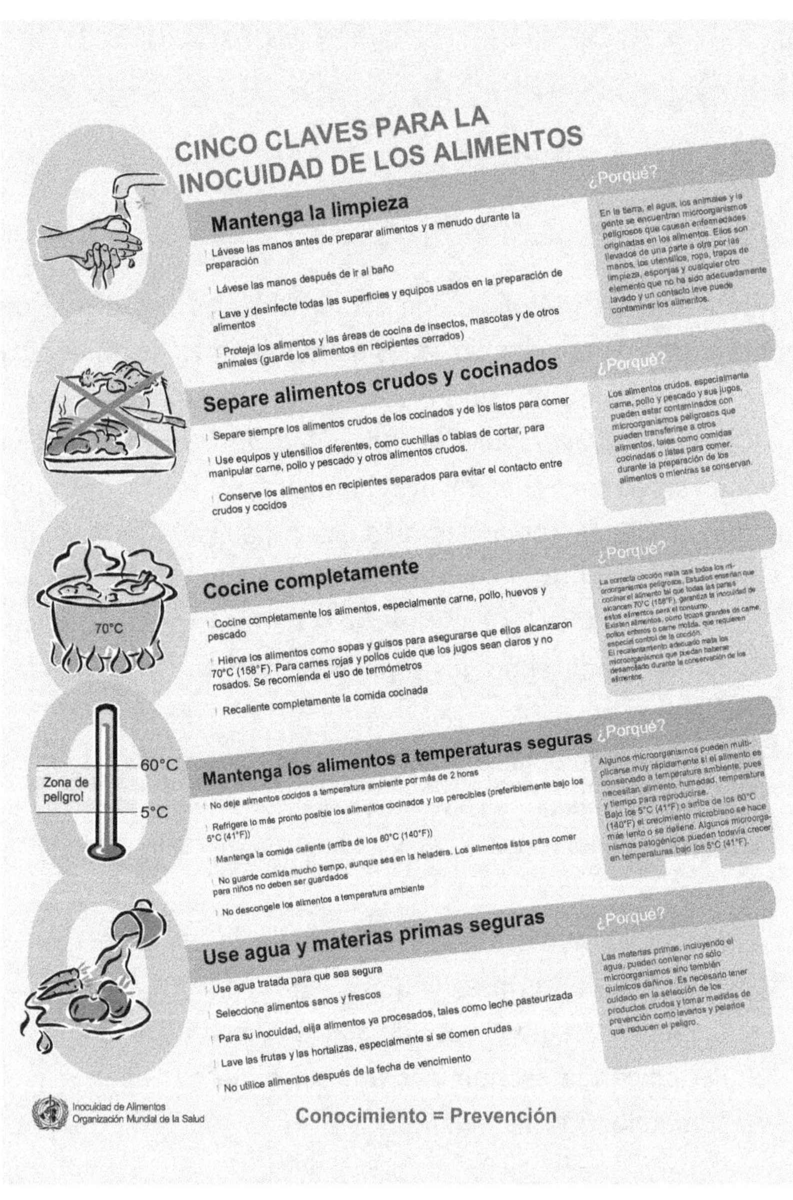

Figura 34. Información básica de la OMS sobre las cinco claves para la inocuidad de los alimentos.

Como se ha expuesto anteriormente, aunque la mayoría de los microorganismos no provoquen enfermedades, los microorganismos peligrosos están presentes ampliamente en el suelo, el agua, los animales y las personas. Estos agentes patógenos se encuentran en las manos, los paños de limpieza y los utensilios, especialmente en las tablas de cortar, y el menor contacto puede conllevar su transferencia a los alimentos y provocar enfermedades de transmisión alimentaria. Por todo ello, es importante seguir las siguientes instrucciones:

- Lavarse las manos antes de preparar alimentos y con frecuencia durante su preparación.
- Lavarse las manos después de ir al baño.
- Lavar y desinfectar todas las superficies y equipos usados en la preparación de alimentos.
- Proteger los alimentos y las áreas de cocina de insectos, plagas y otros animales.

En el caso del sacrificio de animales, es fundamental:

- Mantener la zona limpia y separada de las zonas donde se preparan los alimentos.

- Cambiarse de ropa, lavarse las manos y limpiar el equipo tras el sacrificio.
- No sacrificar animales enfermos.
- Mantenerse informado de las enfermedades presentes en la región, por ejemplo, si hay un brote de gripe aviar.
- Es necesario ponerse en contacto con la autoridad gubernamental local para obtener información al respecto.
- Hay que retirar las heces de animales de la vivienda y mantenerlas apartadas de las zonas de cultivo, preparación y conservación de alimentos.
- Hay que mantener los animales domésticos y demás tipos de animales apartados de las zonas de cultivo, preparación y conservación de alimentos (por ejemplo, mascotas, aves de corral o animales criados en el hogar).

Para una buena práctica de la higiene personal es imprescindible lavarse las manos adecuadamente. Para ello se deberían seguir los siguientes pasos:

- Mojarse las manos con agua corriente.
- Enjabonarse las manos durante al menos 20 segundos. Es importante utilizar jabón y restregarse bien las manos, así como no olvidarse de enjabonar bien

las yemas de los dedos, en especial los pulgares, las uñas, las muñecas y los huecos entre los dedos. Es recomendable lavarse con agua caliente y jabón puesto que ayuda a la eliminación de la grasa y la suciedad.
- Aclararse las manos con agua corriente.
- Secarse las manos completamente con una toalla seca y limpia.

Para limpiar los utensilios es recomendable:

- Fregar mientras se prepara la comida, de forma que los microorganismos no tengan posibilidad de multiplicarse.
- Fregar con especial cuidado los utensilios que se utilizan para comer, beber y cocinar que hayan estado en contacto con alimentos crudos o con la boca.
- Higienizar las tablas de cortar y los utensilios que hayan estado en contacto con carne o pescado crudos.
- Limpiar y secar los equipos de limpieza.
- Retirar de los utensilios los restos de comida y tirarlos a la basura.
- Fregar con agua caliente y detergente, utilizando un paño limpio o un cepillo para eliminar los restos de comida y la grasa.

- Aclarar con agua caliente limpia.
- Higienizar los utensilios con agua hirviendo o con una solución desinfectante.
- Dejar que los platos y utensilios de cocina se sequen al aire, o secarlos con un paño seco y limpio.

Para evitar las plagas (la aparición masiva de animales como ratas, ratones, pájaros, moscas y otros insectos) es necesario:

- Proteger los alimentos y mantener cubiertos o en recipientes cerrados.
- Mantener cerrados los cubos de basura y retirar la basura con regularidad.
- Mantener en buen estado las zonas de preparación de los alimentos.
- Usar cebos o insecticidas para matar los insectos y otros animales.
- Mantener los animales domésticos fuera de las zonas de preparación de alimentos.

La separación de los alimentos crudos y los preparados previene la transferencia de microorganismos. La contaminación cruzada consiste en la transferencia de microorganismos de alimentos crudos a alimentos cocinados. Los alimentos crudos, especialmente las carnes rojas, la carne de ave y el pescado y sus jugos, pueden contener microorganismos peligrosos que pueden transferirse a otros alimentos durante la preparación y conservación de los mismos. Para prevenir la contaminación es importante:

- Separar las carnes rojas, la carne de ave y el pescado crudos de los demás alimentos, por ejemplo, al hacer la compra o al guardarlos en el refrigerador. Una buena práctica es guardar los alimentos en recipientes con tapas.
- Usar equipos y utensilios diferentes, como cuchillos y tablas de cortar, para manipular alimentos crudos.
- Conservar los alimentos en recipientes para evitar el contacto entre los crudos y los cocinados.

Alcanzar una temperatura de 70 °C es la cocción adecuada por la que se pueden matar casi todos los microorganismos peligrosos. Existen alimentos cuya cocción requiere una atención especial, como la carne picada, los redondos de carne asada, los trozos grandes de carne y las aves enteras. Hay que poner especial atención en:

- Cocinar completamente los alimentos, especialmente las carnes rojas, la carne de ave, los huevos y el pescado.
- Hervir los alimentos como sopas y guisos para asegurarse de que han alcanzado los 70 °C. Es recomendabke el uso de un termómetro.
- En el caso de las carnes rojas y de aves, hay que asegurarse de que los jugos sean claros y no rosados.
- Recalentar completamente los alimentos cocinados.
- Los hornos microondas pueden cocinar el alimento de forma desigual y dejar partes frías donde las bacterias peligrosas pueden sobrevivir. Hay que asegurarse de que los alimentos cocinados en el microondas han alcanzado una temperatura segura de forma uniforme. Además, algunos envases de plástico liberan sustancias químicas tóxicas cuando se calientan, por lo que no deberían utilizarse para calentar alimentos en el microondas.

Es importante controlar la temperatura adecuada para la conservación de los alimentos. Para ello es necesario:

- No dejar los alimentos cocinados a temperatura ambiente durante más de dos horas.
- Refrigerar lo antes posible los alimentos cocinados y los perecederos (preferiblemente por debajo de los 5 °C).
- Mantener la comida muy caliente (a más de 60 °C) antes de servir.
- No guardar los alimentos durante mucho tiempo, aunque sea en el refrigerador.
- No descongelar los alimentos a temperatura ambiente.
- Si la conservación segura no es viable, es preferible obtener alimentos frescos y utilizarlos de inmediato.
- Otras prácticas sobre los alimentos a la hora de almacenarlos implican enfriar y guardar rápidamente las sobras, preparar los alimentos en pequeñas cantidades para reducir las sobras así como no guardarlas más de tres días ni recalentarlas más de una vez.

Las materias primas, entre ellas el agua y el hielo, pueden estar contaminadas con microorganismos y productos químicos peligrosos. Por ejemplo, el agua sin tratar de ríos y canales contiene parásitos y patógenos que pueden causar diarrea, fiebre tifoidea o disentería. El cuidado en la selección de las materias primas y la adopción de medidas simples como el lavado y el pelado pueden reducir el riesgo. Por ejemplo, hay que:

- Usar agua segura o tratarla para lavar los alimentos, añadir a los alimentos, hacer hielo, limpiar o lavarse las manos y beber.
- Seleccionar los alimentos sanos y frescos, así como evitar los alimentos estropeados o podridos.
- Elegir alimentos procesados para su inocuidad, como la leche pasteurizada.
- Lavar la fruta, la verdura y las hortalizas, especialmente si se van a comer crudas.
- No utilizar los alimentos caducados.
- Tirar las latas aplastadas, hinchadas u oxidadas.
- Elegir los alimentos listos para el consumo, cocinados o perecederos que estén conservados de forma adecuada (ya sea en caliente o en frío, pero no a temperaturas comprendidas en la zona de peligro).

1 ¿Cuál de las siguientes medidas no corresponde a la OMS para la preparación básica de alimentos?

   a) Evitar el contacto entre los alimentos crudos y los cocinados.

   b) Se pueden recalentar más de una vez los alimentos.

   c) Mantener los alimentos fuera del alcance de insectos, roedores y otros animales.

9 Examen para la obtención del carné de manipulador de alimentos

Datos personales

Apellidos:	Nombre:	Fecha:
Empresa/organización:		Localidad:

Cuestionario de evaluación

Puntuación:	Apto	No apto

1 Una toxinfección alimentaria (TIA) es:

a) Una alteración del alimento que lo hace parecer como desagradable.

b) Una enfermedad producida por una picadura de insecto.

c) Un conjunto de enfermedades transmitidas por alimentos y causadas por agentes patógenos, y que se manifiestan con síntomas, sobre todo digestivos.

2 Fumar o mascar chicle mientras se desarrollan operaciones de manipulación de alimentos:

a) No está permitido, bajo ningún concepto.
b) Se puede si se cuenta con autorización.
c) Depende del producto u operación.

3 La temperatura óptima para el desarrollo de la mayoría de los microorganismos que pueden causar enfermedades en el ser humano es de:

a) Alrededor de 12 °C.
b) Unos 70 °C.
c) Hacia 36 °C.

4 Puede utilizarse el mismo cuchillo para cortar carne
cruda y asada al mismo tiempo:

a) Sí, es posible.
b) No, porque la carne asada puede tomar el gusto
de la cruda.
c) No, porque la carne asada puede contaminarse a
través del cuchillo utilizado.

5 Las salmonelas son:

a) Unas bacterias que pueden provocar intoxicaciones.
b) Unas sustancias existentes en el aire que se depo-
sitan sobre los alimentos, contaminándolos.

c) Un aditivo agregado a los alimentos.

6 Si durante la manipulación de alimentos sufre una herida en las manos es recomendable:

a) Lavarse bien la herida antes de continuar con la tarea.

b) Desinfectarla y cubrirla con un apósito impermeable antes de continuar.

c) Desinfectarla con alcohol y poner una gasa.

7 Si le comunican que es un portador de agentes patógenos, quieren decir:

a) Que padece una enfermedad circulatoria.

b) Que padece una incapacidad.

c) Que alberga agentes patógenos, aunque no esté enfermo.

8 La insistencia en el hecho de lavarse las manos en la manipulación de alimentos es debida a una de las siguientes razones:

a) Por razones de estética y de imagen.

b) Los alimentos se manchan y adquieren mal aspecto.

c) Las manos sucias constituyen una fuente de contaminación.

9 Una toxiinfección alimentaria se manifiesta:

a) Al mismo tiempo de ingerir un alimento o bebida contaminados.
b) Al cabo de poco tiempo después (horas o días).
c) Al cabo de unas semanas.

10 Los residuos y desperdicios generados en la cocina deben tirarse:

a) Con la basura abierta: es más práctico y se vacía más deprisa.
b) De manera provisional puede hacerse en cualquier recipiente.
c) En cubos herméticos, con tapa abatible, de apertura a pedal.

11 En la cocina, los productos alimentarios deben estar separados de los productos de limpieza:

a) Por razones de espacio.
b) Para evitar, por confusión, accidentes peligrosos y que los alimentos adquieran olores desagradables.
c) Por organización del área de trabajo.

12 La legislación obliga a proteger los alimentos, mediante vitrinas de cristal, del contacto directo con el público:

a) Para evitar sustracciones o bien actos vandálicos o incívicos.

b) Para facilitar su exposición ordenada y atractiva.

c) Para evitar la acción de los gérmenes que puedan llegar a través del polvo y del propio público.

13 Una fuente mal lavada no debe usarse para servir alimentos:

a) Por razones de imagen.

b) Por la posibilidad de que contenga agentes patógenos.

c) No tiene tanta importancia.

14 En caso de caer al suelo un cubierto como una cuchara o un tenedor, la actuación que se debe tomar es:

a) Volver a ponerla en su lugar.

b) Recogerla y ponerla en otro servicio.

c) Retirarla y sustituirla por otra limpia.

15 La exigencia de una ropa especial para trabajar se debe a:

a) Por comodidad de movimientos.

b) Porque los clientes identifican con facilidad al personal de servicio.

c) Porque al utilizarla solo para preparar alimentos se evitan contaminaciones.

16 Las estrellas de un frigorífico-congelador:

a) Forman parte de la marca comercial.
b) Indican la capacidad de frío y, por consiguiente, las posibilidades de conservación de los alimentos.
c) Indican la cantidad de productos que se pueden conservar.

17 El período de descarga de los vehículos:

a) Debe ser lo más breve posible.
b) El tiempo no importa, hay que descargar correctamente.
c) No es significativo en ningún caso.

18 Tras finalizar la preparación de la mahonesa, y hasta el momento de servirla, deberá conservarse:

a) En el ambiente de la cocina, lejos de focos de calor.
b) En una despensa fresca.
c) En un frigorífico, procediendo a su consumo inmediato.

19 En las operaciones de transporte y distribución:

a) El transporte no puede durar más de dos horas.

b) El producto debe llegar en el tiempo establecido.

c) No debe romperse la cadena de frío o de calor.

20 La limpieza de los locales de la cocina debe realizarse:

a) Con un barrido en seco y fregando después.

b) Procediendo a una limpieza a fondo del suelo,
con lejía o un desinfectante.

c) Con un aspirador.

Glosario

Bacteria
Organismo microscópico que puede encontrarse en el medio ambiente, en los alimentos y en los animales.

Lejía (cloro)
Líquido de fuerte olor que contiene cloro y que se usa para desinfectar las superficies que han estado en contacto con alimentos e higienizar platos y utensilios.

Contaminante
Agente biológico o químico, materia extraña u otra sustancia añadida de forma no intencionada a los alimentos que puede poner en peligro la inocuidad o idoneidad de éstos.

Contaminación cruzada
Transferencia de microorganismos o agentes patógenos de alimentos crudos a alimentos listos para el consumo, lo que provoca su insalubridad.

Zona de peligro
Intervalo de temperaturas que va de los 5 °C a los 60 °C y en el que los microorganismos crecen y se multiplican con gran rapidez.

Diarrea
Trastorno del intestino caracterizado por evacuaciones de vientre anormalmente frecuentes y líquidas.

Desinfección
Reducción, por medio de agentes químicos y/o métodos físicos, del número de microorganismos presentes en el entorno, hasta un nivel que no ponga en peligro la inocuidad o idoneidad de los alimentos.

Equipos

Todas las cocinas, hornillos, tablas de cortar, superficies y encimeras de mesas y cocina, refrigeradores y congeladores, fregaderos, lavaplatos y artículos similares (a excepción de los utensilios) utilizados en los establecimientos de alimentación y de transformación de los alimentos.

Heces

Desechos o excrementos evacuados por personas y animales.

Alimento

Todo producto vegetal o animal preparado o vendido para el consumo humano. El término incluye las bebidas y sustancias de mascar, así como cualquier otro ingrediente, aditivo alimentario o sustancia que intervenga o se emplee en la preparación de alimentos. No incluye las sustancias utilizadas como drogas o medicamentos.

Enfermedad de transmisión alimentaria

Término general empleado para describir toda enfermedad o dolencia causada por la ingesta de bebidas o alimentos contaminados. Tradicionalmente se denomina "intoxicación alimentaria".

Superficies en contacto con alimentos

Superficies de los equipos y utensilios que suelen estar en contacto con los alimentos.

Manipulador de alimentos

Toda persona que manipula directamente alimentos envasados o no envasados, equipos y utensilios para la manipulación de alimentos y superficies en contacto con alimentos y que, por tanto, está llamada a cumplir con los requisitos en materia de higiene de los alimentos.

Higiene de los alimentos

Todas las condiciones y medidas necesarias para garantizar la inocuidad e idoneidad de los alimentos en todas las fases de la cadena alimentaria.

Preparación de los alimentos

Manipulación de alimentos destinados al consumo humano

mediante procesos como lavar, rebanar, pelar, descascarar, mezclar, cocinar y trocear.

Inocuidad de los alimentos

Todas las medidas encaminadas a garantizar que los alimentos no causarán daño al consumidor si se preparan y/o ingieren según el uso al que están destinados.

Microorganismos

Organismos microscópicos como bacterias, mohos, virus y parásitos que pueden encontrarse en el medio ambiente, los alimentos y los animales.

Patógeno

Todo microorganismo que provoque enfermedades, como una bacteria, un virus o un parásito. A menudo se le denomina "germen" o "microbio".

Alimento perecedero

Alimento que se estropea en un corto período de tiempo.

Lucha contra las plagas

Reducción o eliminación de plagas como las moscas, las cucarachas, los ratones y las ratas y otros animales que pueden infestar los productos alimenticios.

Riesgo

Gravedad y probabilidad de daño dimanantes de la exposición a un peligro.

Listo para el consumo

Alimento que el consumidor ingiere sin ninguna preparación adicional, como la cocción.

Tóxico

Nocivo o venenoso.

Utensilios

Objetos como ollas, cazuelas, cazos, cucharones, platos, boles, tenedores, cucharas, cuchillos, tablas de cortar o recipientes utilizados para preparar, almacenar, transportar o servir alimentos.

Virus

Agente infeccioso microscópico de estructura no celular que se sirve de una célula hospedadora para reproducirse.

Colección: Gestiona
Director: David Soler

Manual del manipulador de alimentos
1.ª edición, 2016
© CIEF
© de esta edición, incluido el diseño de la cubierta, ICG Marge, SL
© fotografía de la cubierta: Shutterstock, elenabsl

Edita: Marge Books
València, 558 – 08026 Barcelona
Tel. 931 429 486 – marge@margebooks.com
www.margebooks.com

Gestión editorial: Hèctor Soler
Edición: Cristina Torres
Compaginación: Mercedes Lara
Impresión: Book Print Digital, SA
(L'Hospitalet de Llobregat, Barcelona)

ISBN: 978-84-16171-40-8
Depósito Legal: B.23810-2016

Procedencia de las ilustraciones:

A doubt, 21
Andy Melton, 63
Boca Dorada, 54
Centers for Disease Control and Prevention, 20
Esther Martin, 46
Eurofrits, 31
Francois schnell, 64
Gamerscore Blog, 28
Goblinbox, 68
Javi Carretero, 69
Javier Lastras, 42
Maria Pilar Etxebarria, 19
Mercabarna, 71, 73
Michael Stern, 70
Microbiologybytes, 18
Portal PBH, 30
Shari's Berries, 77
Simon Blackley, 80
The U.S. Food and Drug Administration, 8, 14
Toni Castillo Quero, 66
U.S. Department of Agriculture, 32, 33, 51, 52
WorldSkills UK, 6, 62
Yoppy, 78
Your Best Digs, 37
Yuya Tamai, 53

El papel empleado en este libro no ha sido blanqueado con cloro elemental (Cl_2).

GESTIONA

MARGE BOOKS
València, 558 – 08026 Barcelona – Tel. +34-931 429 486 – marge@margebooks.com – www.margebooks.com

Logística urbana. Manual para operadores logísticos y administraciones públicas
Ignasi Ragàs

Flujos de mercancías en el almacén. Procesos internos y de entrada y salida
Sergi Flamarique

Normativa del transporte de mercancías por carretera
Alfonso Cabrera Cánovas

Manifiesto Ciberhumanista
Eva María Hernández Ramos, Luis Carlos Hernández Barrueco

Transporte marítimo de mercancías
Rosa Romero, Alfons Esteve

Técnicas para ahorrar costos logísticos. Aurum 2
Luis Carlos Hernández Barrueco

Gestión de operaciones de almacenaje
Sergi Flamerique

Técnicas de mejora continua en el transporte
Lander Tolosa

Técnicas para ahorrar costos en el transporte. Aurum 2E
Luis Carlos Hernández Barrueco

Título de transportista. Competencia profesional para el transporte de mercancías por carretera
Francisco Martín Jiménez

La llamada culpa grave en el transporte de mercancías por carretera
Francisco Sánchez-Gamborino

Técnicas logísticas para innovar, planificar y gestionar. Aurum 1
Luis Carlos Hernández Barrueco

Manual de transporte para el comercio internacional
Cristina Peña Andrés

La mente y el corazón del logista
Laura Pujol Giménez, Mariano F. Fernández

Manual del transporte marítimo
Agustín Montori Díez, Carlos Escribano Muñoz, Jesús Martínez Marín

Manual del transporte de mercancías
Jaime Mira, David Soler

Unidades de carga en el transporte
David Soler

Carretilla frontal contrapesada. Normas de uso y seguridad
VVAA

Seguridad marítima. Teoría general del riesgo
Jaime Rodrigo de Larrucea

Manual técnico de carretillas elevadoras
Vicenç Ripoll

Estiba y trincaje de las mercancías en contenedor
Francisco Fernández Sasiaín

Transporte ferroviario de mercancías
Miguel Ángel Dombriz

Transporte en contenedor
Jaime Rodrigo de Larrucea, Ricard Marí, Álvaro Librán

El transporte por carretera
José Manuel Ruiz Rodríguez

Logística hospitalaria
Borja Ozores

La seguridad en los puertos
Ricard Marí, Jaime Rodrigo de Larrucea, Álvaro Librán

Centros logísticos
Ignasi Ragàs

El Convenio CMR
Francisco Sánchez-Gamborino, Alfonso Cabrera Cánovas

Transporte de mercancías por carretera. Manual de competencia profesional
José Manuel Ruiz Rodríguez

Soluciones logísticas para optimizar la cadena de suministro
Francisco Álvarez Ochoa

El transporte internacional por carretera
Alfonso Cabrera Cánovas

El contrato de transporte por carretera (Ley 15/2009)
Alfonso Cabrera Cánovas

El seguro de las mercancías en el transporte
Albert Badia

Diccionario de logística
David Soler

València, 558 – 08026 Barcelona – Tel. +34-931 429 486 – marge@margebooks.com – www.margebooks.com